KB060806

동전
오영진
전집

사슬이 풀린 뒤

오기영 가계도

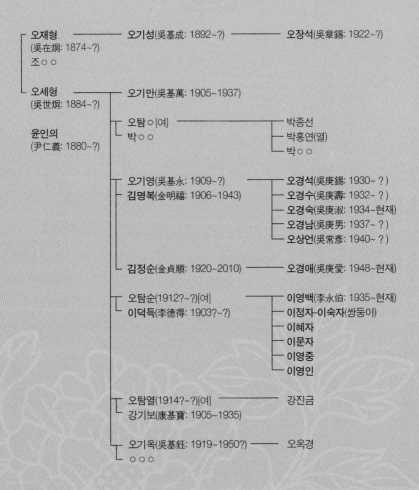

오재형 ─────── 오기성(吳基成: 1892~?) ─────── 오장석(吳章錫: 1922~?)
(吳在炯: 1874~?)
조○○

오세형 ─────── 오기만(吳基萬: 1905~1937)
(吳世炯: 1884~?)

윤인의   오탐○[여] ─────────── 박종선
(尹仁義: 1880~?)   박○○   박홍연(열)
                                        박○○

                오기영(吳基永: 1909~?) ─────── 오경석(吳庚錫: 1930~ ?)
                김명복(金明福: 1906~1943)   오경수(吳庚壽: 1932~ ?)
                                           오경숙(吳庚淑: 1934~현재)
                                           오경남(吳庚男: 1937~ ?)
                                           오상언(吳常彦: 1940~ ?)

                김정순(金貞順: 1920~2010) ─────── 오경애(吳庚愛: 1948~현재)

                오탐순(1912?~?)[여] ─────── 이영백(李永伯: 1935~현재)
                이덕득(李德得: 1903?~?)   이정자-이숙자(쌍둥이)
                                        이혜자
                                        이문자
                                        이영중
                                        이영인

                오탐열(1914?~?)[여] ─────── 강진금
                강기보(康基寶: 1905~1935)

                오기옥(吳基鈺: 1919~1950?) ─── 오옥경
                ○○○

오기영 가족 사진(1947-1948년경)

1947년 김정순과 재혼 후 창경궁 나들이에서 가족이 기념 촬영을 했다. 〈사진 오경애 제공〉

①오기영 ②부인(김정순) ③장녀(경수)
④차녀(경숙) ⑤3녀(경남)

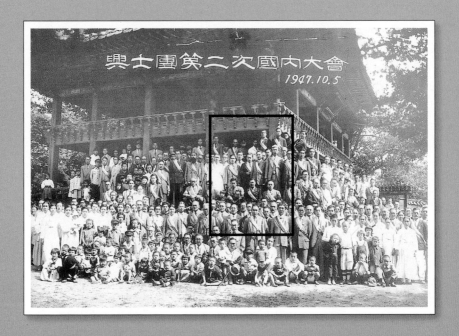

흥사단 제2차 국내대회
(1947년 10월 5일)

1947년 흥사단 제2차 국내대회 일정 중 창덕궁 후원에서 기념촬영을 했다. 아래는 사진을 확대하여 오기영을 표시했다. 〈사진 흥사단 소장〉

흥사단 단적(1948년 경)

오기영이 직접 작성한 흥사단 단적이다. 경성전기 업무부장 재직 시절(1947년 7월 12일~1948년 6월 30일) 작성한 것으로 보인다. 〈자료 흥사단 제공〉

수양동우회 사건(1937년)

오기영이 동우회 관계자로 검거되어 취조받았음이 명시된 '경고특비(京高特秘) 제1373호의 2'(상)와 '경종경고비(京鐘警高秘) 제7735호'(하) 문건이다. 호적명 오기봉(吳基鳳)이 병기되어 있다. 이 사건으로 오기영은 동아일보에서 강제 퇴사당했다.

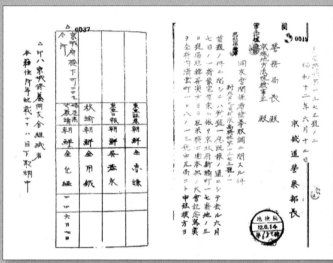

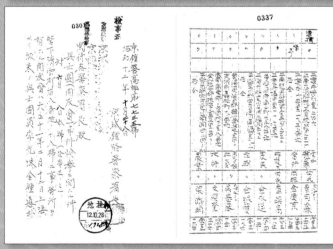

〈원본 독립기념관 소장〉

오세형 가족묘(1943년 안장)

망우리 묘지공원에 있는 오세형 가족묘이다. 이 가족묘는 대대로 유골을 안치할 수 있도록 납골묘로 설계했다. 2017년 10월 문화재청은 망우리 독립유공자 묘역을 등록문화재로 지정했다. 오기영의 형 오기만과 부인 김명복이 안치되어 있다.

묘지 전경

吳世炯家代代之墓

第 一 代

	夫 炯世	年享	生 日九廿月一甲 殁 日 月
(			
(	子 萬基	年享	生 日七廿月六股庚 殁 日 月
(	妻 義仁	三十三年享	生 日一廿月八巳乙 殁 日廿月八丑丁

第 二 代

| (| 夫 永基 | 年享 | 生 日三十月四酉己 殁 日 月 |
| (| 妻 福明 | 八十三年享 | 生 日五十月一十午癸 殁 日二 月二未癸 |

銘

歲月이 얼마 되랴 나도가티 흙일 것을
그래도 情이로다 잎세우기 이대섭어
무덤에 풀옷이 히며 눈물다시 새로워라

前生多生에 因緣있은 우리들이 父母妻子로 今生緣을
지어 피를 물러가며 苦樂을 가티하였더니 때가 이르매
사랑하는 이들의 슬픔을 알면서도 도라갔다
本是 生者必滅이라 無常을 깨다르니 낮아서 슬퍼하는
이들도 百歲未기전에 가티 흙으로 도라갈것이매
아 한집에 들었드시 여기 한 무덤을 지어 代代之墓
로 삼았노라

癸未 三月 二十二日 基永 合葬

오기만 압송장(1934년 4월 30일)

치안유지법 피의사건으로 경성지방법원 검사국의 사사키 히데오(佐々木日出男) 검사가 구인장 집행을 촉탁하여 재상해일본총영사관경찰서에서 발부한 오기만의 '압송장'과 '인상표' 서류이다.

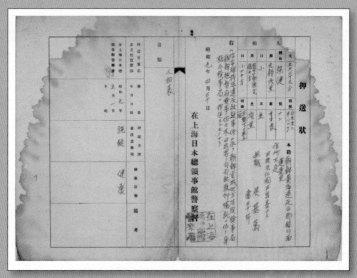

오기만 압송장

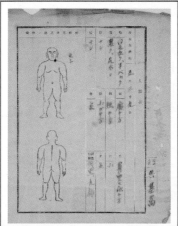

오기만 인상표

〈원본 국사편찬위원회 소장〉

오기만 공판 전 신상기록카드(1934년)

경기도 경찰부에 수용된 오기만의 공판 전 신상기록카드이다. 얼굴 사진
(위)은 1934년 5월 6일 상해 형사과에서 촬영한 것으로 추정된다.

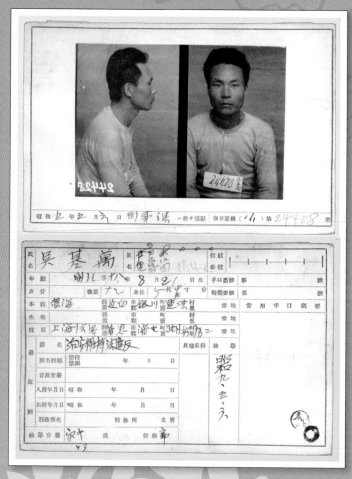

〈원본 국사편찬위원회 소장〉

오기만 서대문형무소 수형기록표(1934년)

1934년 9월 27일 서대문형무소에서 촬영한 오기만 사진(위)과 치안유지법 위반으로 경성지방법원에서 징역 5년을 언도받고 12월 20일에 서대문형무소에 입소하여 작성된 수형기록표(아래)이다. 사진과 기록에서 萬을 滿으로 착오 기재한 듯하다.

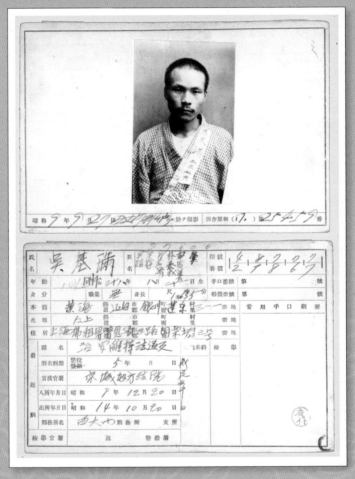

〈원본 국사편찬위원회 소장〉

강기보 서대문형무소 수형기록표(1931년)

1931년 9월 20일 서대문형무소에서 촬영한 오기영의 매제 강기보 사진(위)과 치안유지법 위반으로 경성지방법원에서 징역 2년을 언도받고 1931년 3월 30일에 서대문형무소에 입소하여 1933년 2월 27일에 만기 출소한 강기보의 수형기록표(아래)이다.

〈원본 국사편찬위원회 소장〉

上海韓青委員長
吳基萬昨日押來
三년전에는 잠입하야 운동을 지휘
共産運動의 巨頭로 活動

朝鮮에 潜入
爭議를 策動

'상해한청위원장 오기만 작일 압래' 제하의 《동아일보》 1934년 5월 8일자 기사

金炯善等六名公判
全部體刑을求刑
最高八年에 最低一年六月
傍聽禁止裏에 審理

'김형선 등 6명 공판 전부 체형을 구형' 제하의《동아일보》1934년 12월 11일자 기사

〔사진〕 법정에 드러가는 피고들

一二次共産黨巨頭

朴憲永等 公判 開廷

金炯善洪云杓等七名出廷

朴憲永만은 分離審理키로

'1, 2차 공산당 거두 박헌영 등 공판 개정' 제하의 《조선일보》 1934년 12월 11일자 기사

金炯善等六名에게
全部求刑대로判決
今日 京城地方法院에서言渡
最高八年, 最下一年半

上海韓青事件

吳基萬

地方消息

殉國先烈追念會

[白川] 白川 인민위원회

① '상해한정사건 오기만' 제목과 중병으로 집행정지 출옥 내용의 《동아일보》 1936년 6월 13일자 기사 ② '김형선 등 6명에게 전부 구형대로 판결-금일, 경성지방법원에서 인도' 제하의 《동아일보》 1934년 12월 21일자 기사 ③ 《자유신문》 1946년 1월 11일자 기사에 나타난 배천인민위원회의 오기만 순국선열 추념회 소식

강기보 신문기사

『사슬이 풀린 뒤』 초판본(1948년)

해방 후 간행한 초판본이다. 저자가 직접 사인하여 국립중앙도서관에
기증한 필체가 남아 있다.

『사슬이 풀린 뒤』 표지

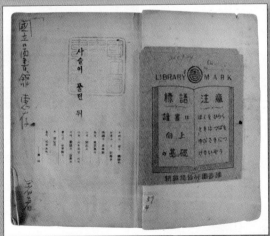

『사슬이 풀린 뒤』 표제지
〈원본 국립중앙도서관 소장〉

『사슬이 풀린 뒤』 초판본 삽화(1948년)

①배천읍 만세시위 장면 ②헌병분견대에서 매질 당하는 장면 ③오기만의 인천항 압송 모습 ④1937년 5월 6일 서대문감옥에서 출소하고 가족(오기영, 오기만, 오기옥, 김명복)이 찍은 사진 ⑤ 해방 직후 자전거를 타고 서대문감옥에 가는 모습이다.

① ②
③ ④
⑤

〈원본 국립중앙도서관 소장〉

『신천지』 1권 2호(1946년 3월)

"사슬이 풀린 뒤"를 게재하기 시작한 '3.1운동 특집' 『신천지』

『신천지』 1권 2호 표지와 표제지, 목차 일부
〈원본 국회도서관 소장〉

『신천지』 1권 3호(1946년 4월)

"사슬이 풀린 뒤" 2회 게재.

『신천지』 1권 3호의 표지와 목차, 본문 첫장

〈원본 국립중앙도서관 및 국회도서관 소장〉

『신천지』 1권 4호(1946년 5월)

"사슬이 풀린 뒤" 3회 게재.

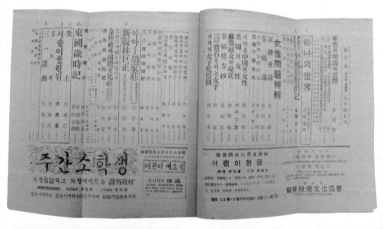

『신천지』 1권 4호의 표지와 목차, 본문 첫장
〈원본 국립중앙도서관 및 국회도서관 소장〉

『신천지』 1권 5호(1946년 6월)

"사슬이 풀린 뒤" 4회 게재.

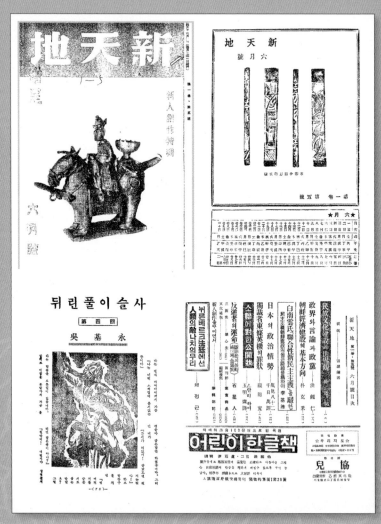

『신천지』 1권 5호의 표지와 표제지, 목차, 본문 첫장
〈원본 국회도서관 소장〉

『삼면불』(1948년) 초판본 마지막 장에 실린 홍보물(좌) 및
『신세대』 4권 1호(1949년 1월)에 게재한 동전 오기영 저서 광고문.(우)
〈원본 국립중앙도서관 및 국회도서관 소장〉

오기만 훈장증과 훈장

『사슬이 풀린 뒤』를 2002년에 성균관대학교 출판부에서 복간한 뒤 유족
(오기영의 딸 오경애)이 국가보훈처에 오기만을 독립유공자로 신청하여 2003
년 8월 15일 정부로부터 건국훈장 애국장을 추서받았다.

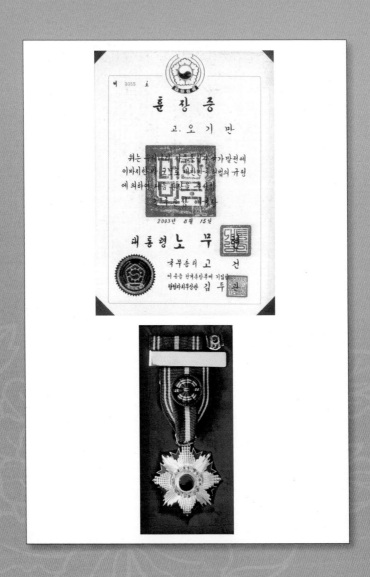

사슬이 풀린 뒤

동전
오기영
전집

東田

사슬이 풀린 뒤

全集

1

오기영 지음

모시는사람들

평화통일을 지향하는 민족의 소중한 기록

―오기영(吳基永) 전집 간행을 축하하며

강만길_ 친일반민족행위 진상규명위원회 전 위원장

　파란만장한 우리 근현대사를 의미 있게 산 인물들을 역사적으로 평가할 때 그 기준 같은 것을 정하기가 쉽지 않다. 일제강점기의 경우 그 지배체제가 역사적으로 부정적인 것은 확실하지만, 그 시대를 산 사람들 모두가 지배체제에 저항적이거나 체제 부정적인 자세로 산 것은 아니며, 오히려 체제영합적이거나 체제방관적인 자세로 산 사람들이 많았다고 하겠다. 그러나 해방 후에도 우리의 정치현실이나 역사학에서까지도 그것을 제대로 구분하지 못했던 것이 사실이기도 하다.

　물론 해방 후 성립된 정권들이 독립유공자를 포상하기도 하고 정부기관과 민간기관이 침략 체제에 협조했던 인간들을 가려내기도 했지만, 그들에 대한 현실적 치죄는 물 건너간 지 오래이며, 보상을 바라고 한 것은 아니라 해도 평생을 바쳐 침략 체제에 저항했던 사람들에 대한 보상은 그들의 희생에 비해 미약하다고 하지 않을 수 없다.

　오기영 선생은 일제강점이 시작되기 전해인 1909년에 태어나서 생애의 전반기를 일제강점기와 해방정국을 통해 민족의식이 투철한 언론인으로 살면서 『사슬이 풀린 뒤』, 『민족의 비원』, 『자유조국을 위하여』, 『삼면불』

등 뜻깊은 저작들과 많은 신문기사를 남겼는데, 늦기는 했지만 이제 후인들에 의해 그것들이 모아진 전집을 간행하게 되었으니 그만해도 다행하고 축하할 만한 일이라 하겠다.

우리 정도의 문화민족사회가 불행히도 타민족의 지배를 받는 경우 그 민족적 자존심이 크게 상하게 마련임은 말할 나위가 없다. 지배민족사회가 그 지배 목적을 달성하기 위해 피지배민들의 민족적 자존심을 크게 손상시키기 때문이다. 그래서 피압박민족사회가 해방되면 피압박 기간에 있었던 저항운동사 및 독립운동사를 엮어 가르치는 일이, 특히 젊은이들의 민족적 자존심을 회복케 하는 일이 급선무일 수밖에 없다.

그러나 불행하게도 해방되면서 바로 분단된 우리 민족사회의 남녘 학계의 경우 당장에는 독립운동사가 쓰여질 만한 조건이 못 되었다. 일제강점기를 통해 국내에서는 일본제국주의의 침략 과정인 근대사와 그 통치 기간인 현대사의 연구가 거의 이루어질 수 없었고, 그래서 망명한 해외에서 독립운동을 하면서 그 운동사를 서술했던 박은식·신채호 지사 등은 모두 전사하고 귀국하지 못했기 때문이었다.

그런데 신문기자 출신으로서 본인과 전 가족이 참가한 가족독립운동사요 민족사회의 독립운동사이기도 한 오기영 선생의 저술『사슬이 풀린 뒤』가 1948년에 간행됨으로써 필자와 같은 당시의 중학생들에게는 거의 유일한 독립운동사 교재가 되었다. 뜻있는 교사의 권고로 어린 나이에 읽고도 크게 감동했던 기억이 지금도 생생하게 남아 있다.

그리고 선생의 후속 저작들인『민족의 비원』,『자유조국을 위하여』등은 불행히도 분단된 민족사회의―아버지는 우익이요 동생은 좌익이라는 처지에서도―자신은, 남북 및 좌우로 분단되어 심하게 대립된 민족사회의 통일을 위한, 좌도 우도 아닌 오로지 민족적 처지에서 평화통일을 위해, 남북정치협상을 성원하는 '문화인 105인 성명'에 참가하고, 그 저술에서도 "현재 38도선으로 양분되어 있는 조선으로서는 어느 한편 세력을 과대히 신뢰한다든가 과대히 경멸할 것이 못된다."고 설파하기도 했다.

민족 구성원 전체가 남쪽 편과 북쪽 편, 그리고 좌편과 우편으로 나누어지다시피 한 해방정국 상황에서 "너는 우도 아니요 좌도 아니요 대체 무엇이냐, … 혹은 중간파라, 심하게는 기회주의자라는 비난"을 받으면서도 스스로는 자유주의자로 자처한 한 지식인이 불행했던 일제강점기와 극도로 혼란스러웠던 해방정국을 산 생생한 체험기록들이야말로 평화통일을 지향하는 전체 민족사회의 귀중한 교과서라 할 것이다.

'해방정국의 풍자와 기개'라는 부제를 붙일 만한 『삼면불』의 내용은 몇 편을 제외하고는 해방정국, 즉 주로 1946년부터 1948년 사이에 잡지 《신천지》 등에 쓴 칼럼들이다. 근 반세기 동안이나 외민족의 강압적 지배를 받고 해방된 사회에 일어나는 각종 부조리를 예민한 감각으로 설파한 글들이다.

1948년 6월에 쓴 「진짜 무궁화」라는 글에서는 "거리에 나서기가 무섭게 보이는 것이 담배 파는 어린아이들이요 따라서 들리는 것이 그들의 손님을 부르는 소리다. -진짜 무궁화요, 진짜 무궁화-." 언론인의 날카로운 감각으로 가짜담배가 횡행하던 해방 직후의 사회상을 단적으로 나타내고 있는 글이다. 지시 『삼면불』의 내용이 대부분 사회상을 고발한 칼럼들이다. 역사학전공자의 처지에서 보면 당시 사회의 실상을 가감 없이 드러낸 이런 칼럼들은 현대사 서술의 사료가 될 수 있다는 생각이다.

언론인으로서 일제강점기를 타협하지 않고 온 가족과 함께 저항하면서 살아온 오기영 선생은 '네 번째의 8·15를 지내고 닷새 뒤' 그러니까 1948년 8월 20일 이승만정권이 성립된 5일 후에 쓴 저서 『사슬이 풀린 뒤』를 간행하는 머리말에서 이렇게 썼다.

"무엇이 달라진 세월인가? 똑바로 따지면 다르기는, 1945년 8·15 이후 잠깐일 것이다. 도로아미타불이라면 심한 말일까? 전날에 내 형을, 내 매부를 죽게 하였고, 내 아버지를, 나를, 내 아우를, 내 조카를 매달고 치고, 물 먹이고 하던 그 사람들에게 여전히 그런 권리가 있는 세상이다."

그러고는 1949년 어느 때인가 오기영은 고향이 있는 북한으로 갔고, 그후 북녘의 조국통일민주주의전선 중앙위원, 과학원 연구사 등을 역임했다. 그분이 남긴 저작물과 기고문을 통해서 민족사의 시련기였던 일제강점기와 해방공간을 산 한 사람의 양심적 지식인이요 빼어난 언론인이 이땅의 사람과 민족을 위해 무엇을 생각하며 또 어떻게 살았는가를 이제 찬찬히 살필 수 있을 것이다.

왜 지금 오기영 글을 읽어야 하나

서중석_ 역사문제연구소 이사장

30년 전 박사학위 논문을 쓰기 전까지 나는 오기영(존칭 생략)이라는 분을 잘 몰랐다. 사실 박사논문을 쓸 때도 잘 몰랐다. 우리 나이로 11살 먹은 꼬마가 3·1만세운동으로 끌려갔다는 것도, 그 직전에 같은 죄목으로 아버지가, 그 직후 15살 먹은 형이 역시 만세운동으로 끌려갔다는 것도 2002년 나온 『사슬이 풀린 뒤』를 읽고서야 알았다. 또 어머니가 아꼈던 사위가 감옥에서 얻은 병으로 형이 옥에 있을 때 사망했고, 형은 옥에서 들것에 담겨 나와 목숨을 잃었다는 것도, 또 막내가 결혼하던 날 누이가 끌려갔고, 결혼한 지 1주일 만에 막내가 끌려가 해방이 되고서야 옥에서 나왔다는 것도, 그 책을 몇 번이고 눈물을 닦으며 읽을 때 처음 알았다. 해방 후 민청 위원장으로 활약하던 막내가 6·25 직전 총살되었다는 것도 그 책에서 처음 알았다.

나는 학위논문을 쓸 때 정치평론집인 그의 저서 『민족의 비원』을 보면서 이렇게 명쾌하게 해방 직후의 정치상을 잘 그려낼 수가 있을까 감탄이 절로 났다. 좌와 우의 문제점을 잘 지적하고 있었고, 민족국가를 건설하기 위해서는 왜 절실히 좌우합작이 요구되는가를 뛰어난 혜안으로 설파한 글들이었다. 한 번도 분단의 역사를 가진 적이 없던, 단일민족이라는 나라가 왜 분단이 되었는가를 이해하는 데 오기영의 글은 많은 시사를 해주었다.

해방 3년 시기처럼 이성적 대국적으로 사태를 판단하고 합리적으로 대처하는 것이 필요한 시기도 없었다. 그러나 그것은 굉장히 힘든 일이었다. 오기영은 『민족의 비원』 첫 장과 그 첫 장의 첫 절 제목을 똑같이 '이성의 몰락'이라고 붙였거니와, 세계 최강의 외세를 등에 업은 당시의 우익과 좌익은 언론이 자신들을 비판하는 것을 좌시하지 않았기 때문이다. 우익은 자신에게 충고를 보내는 것도 빨갱이기 때문에 우익을 중상한다고 해석하고는, 우익의 잘못을 지적하는 언론은 모두 빨갱이로 지목하는 상황이었다. 그러한 소아병적 반응은 좌익이라고 해서 조금도 다르지 않았다.

이처럼 불편부당의 비판이 핍박을 받고 지극한 정성에서 우러나온 충고가 좌우로부터 배격되기에 이르러 많은 지식인 언론인이 공포 속에 위축되었고, 직필을 찾아보기가 어렵게 되었다는 것이 오기영의 진단이었다. 새 나라를 세우는 도정에서 냉철한 이성이 좌우의 사나운 공격으로 위축되어 골방 속이나 지하로 숨어야 했다. 이성이 몰락한 사회에서 민족 전체의 입장에서 대국적으로 문제를 풀어나가야 한다는 주장은 보통 용기로는 할 수가 없었다.

오기영은 해방 후 3년 동안 좌와 우에 대한 비판을 끊임없이 계속했다. 그는 좌와 우, 남과 북은 서로 다투어 현재의 비극뿐 아니라 민족 장래에 더 큰 비극의 씨를 뿌리는 경쟁에 열중하고 있으며, 그것은 38선 철폐로 나아가는 것이 아니라 38선을 공고화할 뿐이라고 지적했다. 뿐만 아니라 이러한 경쟁은 내전·내란이자 국제전의 형태로 전쟁이 일어날지도 모른다는 우려를 이미 1946년에 지적했다. 나의 학위논문에서도 인용했지만, "좌우는 싸움으로 세월을 허비하고 있고, 제힘만으로 싸우기에 힘이 부쳐서 이제는 미국과 소련에 기대어 '북벌' 또는 '남정(南征)'을 꿈꾸고 있다"는 것이었다. 공산주의자들의 '해방전쟁', 이승만의 '북진통일' 논리를 오기영은 이미 몇 년 전에 간파하고 있었다.

오기영은 이런 말을 했다. "오늘날 좌익에 대한 탄압의 이유 절반은 그들 좌익이 자초하여 받는 '자업자득의 보복'이라고 할 것이다. 타기(唾棄)할 소아병자와 무모한 급진파에 의하여 '투쟁'과 '정치'를 혼동한 저돌적 과격 행동이 온순한 민중에게도 혐오를 샀다는 것을 우리는 긍정하는 자이다." 미소공동위원회가 열리던 중대한 시기에 당대 최고의 맑시스트 지식인으로 평가받던 백남운이 '조선 민족의 진로'에서 극좌를 비판하자 박헌영 측에서 얼마나 거세게 백남운을 매도했던가를 세인이 주지하고 있는데, 그와 비슷한 비판을 오기영이 한 것이다. 진정에서 우러나온 양심의 힘만이 이러한 비판을 가능하게 했을 것이다. 더구나 오기영의 형과 매부는 열렬한 혁명가로 투쟁하다가 일제 때 감옥에서 중병에 걸려 사망했고, 동생은 해방정국에서 좌익의 맹장 중 한 명이었는데, 이러한 발언을 한 것이다.

오기영은 『사슬이 풀린 뒤』에서 이런 말도 했다. "무엇이 달라진 세월인가? 도로아미타불이라면 심한 말일까? 전날에 내 형을, 내 매부를 죽게 하였고, 내 아버지를, 나를, 내 아우를, 내 조카를 매달고 치고, 물먹이고 하던 그 사람들에게 여전히 그러한 권리가 있는 세상이다." 오기영은 동우회 사건으로 감옥에 갔는데, 그 이후 시인 주요한, 작곡가 홍난파 등 동우회원 다수가 친일파로 맹렬히 활동했다. 오기영도 속했던 흥사단은 이승만의 한민당과 함께 미군정의 주축이었는데, 그들 중 상당수가 친일파였다. 그런데 오기영이 친일파 경찰 등 미군정의 행태를 비판하고 나선 것이다.

중도파는 정치인이건 지식인이건 간에 양쪽에 분단 정부가 들어섰을 때, 또 곧이어 전쟁이 났을 때, 이미 해방 3년기에도 그랬지만, 어떻게 하여야 할지 끝없이 번민하고 방황했으며, 망설였다. 나는 시인 정지용이 경건한 가톨릭 신자였는데도 전쟁이 났을 때 방황하다가 하염없이 북쪽으로 발걸음을 옮긴 것은 남한이 친일파 세상이었던 것과 결코 무관하지 않다고 본다. 독재를, 북의 정치를 그토록 비판했던 오기영이 1949년에 북행을 한 것도 아마도 이러한 점이 작용했으리라 추측해 본다.

오기영은 다른 중도파 지식인과 다른 점이 있다. 자유를 강조한다는 점이다. 해방 정국에서 민주주의나 평등은 모두 다 유난히 강조했지만, 자유는 그다지 많이 얘기하지 않았다. 사회주의자들은 자유를 좋아하지 않았고, 우익도 자유는 주장하지도 존중하지도 않았다. 더군다나 친일파나 극우는 자유를 억압하고 탄압했다. 그런데 오기영은 "자유, 이 조국의 자유를 위하여 우리는 얼마나 많은 피를 흘렸으며 투옥되었던가. 그런데 우리에게는 아직 자유가 없다"며 조국은 자유로운 인민 전체의 것이고, 모든 인민의 자유가 보장되어야 번영한다고 역설했다. 이 자유는 중도노선과 결코 대립하지 않는다. 그렇지만 해방이 되었는데도, 책 제목 하나를 '자유 조국을 위하여'라고 붙인 데서나 자신을 자유주의자로 당당히 얘기하는 데에서 오기영이 다른 중도파보다도 더 자유를 강조한다는 점만은 확실하다.

나는 순환사관이나 반복사관은 적절한 역사관이 아니라고 생각한다. 그렇지만 한국 근현대사에서 비슷한 현상이 연거푸 나타나는 것은 이것과 다르게 중요시해야 한다고 생각한다.

오기영의 글을 읽다보면 오늘의 현실과 관련해 여운을 남기는 것들이 적지 않다. "모두가 제 편이 아니면 적으로 몰아친다"는 구절도 그렇다. 1980년대에 이념투쟁이 일어나면서 자신과 같은 편이 아니면 같은 진보

세력으로 손잡고 나아가야 할 터인데도 적으로 몰아치는 편싸움 현상을 바로 오늘에 이르기까지 무수히 봐 오지 않았나. 패거리 신념에 투철한 이 사람들은 오기영 시기의 사람들처럼 책도 잘 안 본다는 점에서 공통의 특성을 지니고 있다.

2000년대에 들어와 한반도는 지정학적인 위치 때문에 세계에서 유일하게 4강에 둘러싸인, 4강시대에 살고 있다. 이 4강과 한반도는 정치뿐만 아니라 문화, 경제로도 대단히 긴밀한 관계를 가지고 있다. 한반도는 이 4강시대에 잇달아 남북정상회담을 갖고 냉전 잔재를 청산하고 협력과 평화를 다지는 노력을 기울이면서 자주화의 길을 모색하고 있다. 최근에는 70여 년에 걸친 지독한 패거리싸움에서 벗어나 허심탄회한 모습도 보이고 있다. 4강은 자신들이 '패스' 당하지 않을까 두려워하면서도, 남북정상이 차 속에서 '밀회'하거나, 둘이서만 만나도 신경을 곤두세우고 있다. 전략적으로 대단히 중요하고 민감한 지역에서 자주성이 발휘되는 것을 몹시 두려워하는 것이다.

오기영이 말하고 또 말하고 거듭 말하는 것이 있다. 자주성이 그것이다. 김규식은 친미반소도 반미친소도 민족적 통일 단결을 파괴하는 노선이며, 친미친소만이 자주성을 견지해 통일 독립에 이르는 길이라고 역설했다. 오기영은 미국도 소련도 한국이 따라야 할 모범국가가 절대로 아니라고 강조했다. 그는 분단정부가 들어서는 1948년에 약소민족의 자주권, 생존권이 냉전의 도구로 희생되고 있으며 남북 조선이 미소의 전초기지로 화해 골육상잔의 참극이 연출될 것이라고 내다봤다. 그래서 남북협상을 열렬히 성원하면서, 김규식이 "흥해도 우리 손으로 흥하고, 망해도 우리 손으로 망하자"고 절규하며 "남북협상은 독립운동의 막다른 골목이다"는 비절(悲絶)한 심정을 토로하자, 그것은 전민족의 심정이요, 자신의 심정이 될 수밖에 없다고 피력했다.

남과 북에 분단 정부가 들어설 때 중도파는 참담한 심정이었고 자신들이 설 자리를 잃었다. 그러나 21세기에 들어와 한반도는 새로운 움직임을 보이고 있고, 중도파의 메시지는 새롭게 우리에게 다가오고 있다. 21세기의 4강시대에 가장 절실한 것은 이제라도 중도파가 강조한 자주성과 그것에 바탕한 균형외교에 귀를 기울여야 한다는 점이다. 그때 여운형이 말한 대로 한반도는 국제사회에서 우뚝 서 자신의 역할을 적극적으로 펼칠 수 있을 것이다. 바로 이 점 때문에도 나는 오기영의 메시지를 오늘날 다시 읽어볼 것을 권장한다. 그리고 3·1운동 100주년을 맞아 해방 직후 많은 독자들이 눈물을 훔치며 읽었던 『사슬이 풀린 뒤』를 일독하는 것도 의미가 있다고 생각한다.

70년 만에 글로 적어보는 회고
―우리 아버지, 우리 어머니

오경애 _동전의 막내딸

저는 동전 선생의 막내딸 오경애입니다.

우리 아버지는 첫 번째 부인 김명복 여사와 사별하신 후 우리 어머니 김정순 여사와 1947년 재혼하셨고, 저는 이듬해 여름 서울에서 태어났습니다.

아버지는 얼굴 한 번 보지 못했습니다. 제가 첫 돌이 되기 전에 북으로 떠나셨습니다.

아버지의 행방에 대해 처음 듣게 것은 초등학교 때였습니다. 일제강점기 신문기자였으며 해방 후 정치평론을 하셨다는 어머니의 말씀에, 동심으로는 그저 자랑스럽게 여기던 기억이 납니다. 하지만 월북자의 딸로서 살아가야 할 엄혹한 현실의 무게를 그때는 알지 못하였습니다.

솔직히 어린 시절 아버지의 빈자리를 절실하게 느끼지는 못하였습니다. 아마도 어머니의 보호와 통제가 컸던 것 같습니다. 아버지의 체취는커녕 사진조차 본 적 없는 저로서는, 늘 당당하고 대범하신 어머니 슬하에서 성장하며, 아버지가 사무치게 그립다거나 다른 친구들이 부럽다거나 하는 마음을 크게 가지지는 않았습니다. 아버지와 이삼 년밖에 함께 살지 못하셨지만, 어머니는 이따금씩 장충동 경전 사택에서의 추억을 가까운 분들과 회상하시기도 했습니다. 홀로 딸을 키우던 시절보다야 형편이 나았기도 했을 터이고, 아버지를 직접 만났던 지인들이 훌륭한 분으로 언급할 때면 어머니는 아낌없이 존경의 마음을 표하셨습니다. 때로는 아버지의 오랜 지인 중 정보 계통에 계신 분을 통하여 북한 라디오에 아버지가 출연했다는 등의 소식을 귀동냥하며, 어머니는 아버지의 안부를 가늠하기도 했습니다.

저의 이복형제 중 유일하게 남쪽에 남아 함께 살았던 언니 오경숙이 있습니다. 열네 살 터울의 언니는 간호사 생활을 하시던 어머니를 대신하여 종종 저를 돌봐주었고, 언니가 결혼한 후에도 얼마 동안은 저와 한집에서 생활했습니다. 중학교 2학년쯤 되었을까, 어느날 언니가 처음으로 아버지의 책을 보여주었습니다. 아마도 『민족의 비원』 평론집이었던 것으로 생각됩니다. 아버지가 남긴 물질적 흔적을 난생 처음 접했을 때의 놀라움이 지금도 저릿하게 다가옵니다. 내용이 쉽지 않아 술술 읽어내려 가지는 못했던 반면, 서문의 한 구절에 오랫동안 시선이 멈추었습니다.

"너는 우도 아니요 좌도 아니요 대체 무엇이냐?" 하는 질문도 많이 받았고, 혹은 중간파라는, 심하게는 기회주의자라는 비난도 받았다.

아버지는 정말 어떤 사람인가. 도대체 무슨 일이 있었던 것일까? 서슬 퍼런 반공의 시대, 그 무서운 공산주의자보다도 참담하게 엄습하는, '기회주의자' 이 단어는, 그리움조차 낯설었던 아버지를 더욱 먼 세계로 이끌었고, 저는 속절없는 안타까움을 느꼈습니다.

아버지가 북으로 가신 연유로 형제자매와도 헤어지고 일가친척의 왕래도 무척 드물었던 가운데, 고종사촌 오빠 이영백의 등장은 기막힌 우연이었습니다. 아버지의 손아래 여동생인 오탐순 고모의 장남인 오빠는 전쟁 이듬해 여름 개성에서 혈혈단신으로 월남하여, 인천의 친척집과 고아원 생활을 전전하다 물어물어 우리 어머니를 찾아왔습니다. 해방 후 중학생 시절 곧잘 장충동 우리집에 놀러왔다는 오빠는 전쟁통에 그 고생을 하고도 호탕한 성품만은 그대로여서, 어머니는 무척이나 오빠를 반겼습니다. 훗날 아버지 대신 저의 손을 잡고 결혼식날 함께 입장해 준 이도 바로 오빠였습니다.

어머니는 아버지에 대한 감정적인 언급을 매우 아끼셨지만, 한 장면만큼은 지금도 명확하게 떠오릅니다. 1969년 이수근 위장간첩 사건으로 온 나라가 떠들썩하던 때였습니다. 북에서 온 언론인이 간첩 활동으로 체포되어 사형선고를 받는 현실 앞에서 어머니도 큰 충격을 받으셨던 것 같습니다. 문득 저녁 밥상머리에서 어머니가, "네 아버지도 저렇게라도 남쪽으로 넘어오면 좋으련만…." 하시던 혼잣말에 저는 한참 동안 굉장히 혼란스러웠습니다.

어쩌면 운명인지 모르겠지만, 저의 남편 김한주와의 인연에도 아버지의 그림자가 드리워져 있습니다. 남편은 대학 4학년 때 4·19 시위에서 부상을 입고 서울대병원에서 수술과 치료를 받으면서 어머니의 도움을 받았다고 합니다. 그 인연으로 당시 간호고등기술학교 사감으로 근무하시던 어머니와 가깝게 대화하면서 아버지가 북한에 계신 사정을 알게 됐습니다. 남편 역시 고향 제주가 4·3의 전화에 휩쓸렸던 무렵 이념의 문제로 고초를 당했던 맏형님이 있었고, 대학생이던 형님이 6·25 전쟁 때 서울에서 행방불명되면서 온 집안이 오랜 세월 말 못할 어려움을 겪었기에, 우리 집 사연에 깊은 동병상련의 마음을 가졌던 것 같습니다.

결혼을 하고 난 후 저의 마음에도 비로소 아버지에 대한 그리움이 뼈저리게 사무쳐 왔습니다. 다섯 아이의 엄마가 되어 부모의 존재와 역할의 엄중함을 느끼면서, 아버지의 빈자리는 결코 채워질 수 없는 결핍으로 다가왔습니다. 그러나 1980년대 이산가족 찾기의 열풍 속에서도 차마 아버지를 찾겠다는 생각을 하지는 못했습니다. 월북자로 낙인된 아버지는 여전히 가족 내 금기사항이었기에 어머니와 터놓고 상의할 엄두를 내지 못하였고, 언니도 저도 각자 직면한 삶의 현실에 바쁘기만 한 시절이었습니다. 어쩌면 가까스로 자리 잡아 가는 저의 가정생활 속에서 아버지의 존재는 밑도 끝도 없는 굴레에 불과했는지 모르겠습니다.

아이들도 다 크고 세월이 훌쩍 지나 남과 북이 극단적으로 대치하던 우리의 정치 현실도 많이 바뀌었습니다. 저 역시 지역 사회에서 다양한 시민단체 활동을 이어 가며 그 변화의 흐름을 직간접적으로 경험할 수 있었습니다. 그러던 중 '남북협력제주도민운동본부'의 북한 감귤 보내기 사업에 참여하게 되면서, 저에게는 차마 생각지도 못했던 북한 방문의 기회가 찾아왔습니다.

2001년 1월 평양 방문의 감격은 여전히 생생합니다. 긴장되고 두려운 느낌도 잠시, 어린 시절 기억 속의 정겨운 풍광을 연상시키는 평양 시내 한복판에서, 저도 모르게 애태우며 아버지를 찾고 있었습니다. 아버지가 계셨던 여기 같은 공간에 있다는 단순한 사실만으로도 폭풍 같은 슬픔이 북받쳐 올랐습니다. 동일한 사업이 지속되며 이후로도 몇 차례 더 방북의 기회가 있었는데, 그동안 가까워진 북의 안내원에게 아버지의 행방을 넌

지시 물은 적이 있습니다. 뭔가를 아는 듯 모르는 듯 곤란하게 생각하며 그는 "고향에 자주 오십시오. 그러면 알게 되겠지요."라는 말만 남기었습니다.

당장 어찌될 줄 알았던 남북관계는 또다른 시간의 질곡을 넘어 바야흐로 2019년을 아슬아슬하게 지나고 있습니다. 너무나 짧은 결혼생활과 너무나 긴 이산의 세월을 묵묵히 겪어 내신 어머니가 구순의 삶을 마감하고 고인이 되신 지도 어느덧 십 년이 되어 갑니다. 생전의 어머니만큼이나 노쇠한 언니는 유년시절부터 이어지는 수많은 기억들도 하나둘 놓아 버릴 만큼 쇠약해졌습니다.

이제 칠십의 나이를 헤아리는 막내딸 저에게, 단 한 번도 불러보지 못한 아버지의 궤적을 마저 찾을 수 있는 시간이 주어질까요. 독립운동의 공훈을 인정받아 뜻을 기리게 된 큰아버지와 고모부가 자랑스러운 반면, 격렬한 좌익운동의 끝에 마지막 모습을 알지 못하는 작은아버지와 막내 고모, 그리고 오직 희생의 삶을 사신 김명복 여사를 떠올리면 역사의 물결 앞에 가슴이 먹먹해집니다.

그러나 3·1운동 백주년을 맞이하는 오늘날, 당신이 그토록 원했던 '자유주의자' 오기영이 남긴 글들을 알알이 엮어 세상에 내어놓을 수 있는 시대에 마음껏 감격하고 싶습니다. 이 책들이 새로운 평화의 시대에 알곡이 되기를 원하는 마음을 담아, 『동전 오기영 전집』을 우리들의 아버지와 어머니 영전에 고이 바치며, 이 지난한 작업에 공감하고 동참해 주신 여러 선생님들께 우리 가족을 대표하여 허리 숙여 감사의 인사를 올립니다.

2019년 3월

『동전 오기영 전집』 간행에 부쳐

　동전 오기영이 일제강점기와 해방 직후 집필한 글들을 엮어서 전집을 만들었다. 그의 문필활동의 기록이자, 시대의 증언을 한 자리에 모았다.

　그가 기자로서 본격적으로 활동하기 시작한 1920년대 후반 이래 그의 기사와 칼럼은 때로는 사건에 대한 요령 있고 정밀한 기록으로, 때로는 사태의 추이를 전체적으로 조감할 수 있는 역사적 투시와 미래에 대한 전망으로, 때로는 현실에 대한 시의적절한 풍자와 건설적 대안으로 당대인의 사랑을 받았고, 후대인에게는 당대사를 증언하는 중요한 사료로 주목을 받았다. 그는 후배 기자들에게는 본받아야 할 선배였고, 기자 사회 전체적으로 '신문계의 일재'(逸才)라는 평가가 늘 따라다녔다.

　그러나 그의 글이 가진 중요성이 다시 현대인의 주목을 받기까지 오랜 시간을 기다려야 했다. 분단이 빚어낸 역사적 맹목성으로 인해 한국 사회에서는 극소수의 전문 연구자만이 그의 글을 우연적으로 접할 수 있었을 뿐이다. 그의 글이 다시 학계와 독서계의 주목을 받기 시작한 데에는 한국 사회의 민주화와 지구적 차원의 냉전 해체라는 역사적 변화가 중요하게 작용했지만 그간 역사학계와 문학계의 학문적 온축도 한몫했다. 한국 근·현대 역사와 문학에 대한 연구가 양적으로 확대되고 질적으로 심화하면서 연구자들의 자료 탐사 범위와 해독의 깊이가 넓어지고 깊어졌으며, 그 과정에서 동전의 글이 가진 중요성이 다시 부각되었다. 우연인지 필연인지 동전의 글을 매개로 한 학계의 연구와 조부의 족적을 찾으려는 외손녀의 노력이 시기적으로 겹쳤고, 그것들이 합쳐져서 해방 직후 출간된 그의 책들이 2002년에 복간될 수 있었다.

이 전집은 해방 직후 출간된 『사슬이 풀린 뒤』, 『민족의 비원』, 『자유조국을 위하여』, 『삼면불』 네 권의 책을 출간 당시의 체제에 따라 각권으로 복원하고, 거기에다 해방 직후 동전이 쓴 글들 가운데 네 권의 책에 미처 수록하지 못한 것들을 모아서 함께 묶었다. 또 동전이 일제강점기에 신문, 잡지에 집필한 글들 역시 수집해서 따로 두 권의 책으로 엮었다. 부록은 그의 연보, 집필 원고, 후대 연구자들의 연구논문 목록에다 그의 형 오기만, 그리고 동생 오기옥의 흔적을 추려서 실었다. 어느 분이나 나라의 독립과 민족의 해방을 위해 자신의 몸을 바쳤다.

역사 자료의 전산화 덕분에 동전이 신문이나 잡지에 쓴 글들을 책상머리에서 별로 어렵지 않게 찾아 볼 수 있는 시대가 되었지만, 그가 식민지기에 집필한 글들을 모두 모아서 책으로 엮어내는 것은 그리 쉬운 일이 아니었다. 그가 식민지기에 집필한 글들을 새로 발굴하고 수집, 정리하여 한자리에 모아낸 것은 이 전집이 처음이고, 향후 학계의 유용한 자산이 될 것이다. 해방 직후 그가 쓴 글들을 읽을 때마다 삶의 현장에 대한 생동감 있는 이해와 당시 사회에 대한 투철한 현실 인식, 깊이 있는 역사의식과 동서고금을 관통하는 해박한 지식, 나름의 뚜렷한 문제의식과 그것을 해결하기 위한 실천적 지향이 어디서부터 비롯되고, 또 어떻게 마련될 수 있었는지 늘 궁금했다. 동전이 해방 이전에 썼던 글들을 읽으면서 궁금증의 일단을 해소할 수 있어서 시종 즐겁게 편찬 작업을 할 수 있었다.

이 전집에 실린 동전의 글을 시간 순으로 늘어놓고 보니 그의 첫 번째 글은 공교롭게도 한 편의 시다. 그가 열다섯 살 나던 해에 지어서 동아일보에 실은 「꽃 잃은 나비」라는 시는 나라 빼앗긴 한 소년의 절절한 조국애를 드러낸다. 학력도 변변치 않은데 약관의 나이에 동아일보 정식 기자로 평양에 부임하여 기자생활을 시작했다는 것은 그가 젊은 나이에도 불구하고 주위로부터 남다른 취재 능력과 문재(文才)를 인정받았다는 증거다. 식민지기에 쓴 그의 글을 읽을 때에는 그가 기자생활의 대부분을 평양에서 했고, 또 평양의 민족운동계, 사회운동계와 깊이 교류하면서 기사와 칼럼을 쏟아냈다는 점에 주목해야 한다. 또 기자생활 초반에 해당하는 1920년대 후반기와 1930년대 전반기에 다수의 현장보고(르포)를 장기간 연재한 것도 주목할 필요가 있다. 신문마다 사회부 기자들이 꽤 많이 포진했지만 그처럼 정력적으로 현장보고를 통해서 심층취재를 여러 건 수행한 기자를 쉽게 발견할 수 없을 것이다.

평양은 일제의 식민지배 하에서도 조선인 상공업이 비교적 발달했던 지역이고, 민족운동의 본산 중 하나였다. 동시에 다른 어느 지역보다 사회운동이 활발했던 지역이기도 하다. 그는 그곳에서 조선인 상공업자와 노동자들이 부딪힌 현실을 현장에서 체험할 수 있었다. 또 민족주의 지도자들과 교류할 수 있었으며, 평양의 사회운동계와 항일 혁명가로서 활동 기반을 마련하기 위해 애쓰던 그의 형을 가까이에서 관찰할 수 있었다. 그리고 그가 현장 중심의 심층취재를 기초로 르포 형식의 연재에 치중하거나 칼럼 집필에 열심이었던 것은 자신의 관찰과 체험에 의지해서 식민지 조선의 현실에 맞는 새로운 사회적 대안을 만들어 가려는 그 나름의 노력을 보여준 것이다.

동전이 사회부 기자로서 식민지기를 증언했다면 해방 이후에는 평론가의 입장에서 '해방'과 미·소 양군의 '분할점령'이 가져온 조국의 현실을 증언했다. 그가 경전(京電)에서 일한 것이 단순히 생활의 방편을 좇아서 그리한 것은 아닐 테고, 해방된 조국의 현실에 대한 그 나름의 대응이자 고민 끝의 결정이었을 것이다. 그러나 그는 뼛속 깊이 '글쟁이'이자 '신문쟁이'였다. 결국 '투필'(投筆)에 실패하고 해방 이후의 정치적 격변과 경제적 혼란, 사회적 난맥상을 그만의 시각과 관점으로 정리해 나갔다.

당시 발간된 그의 책 네 권 가운데 『민족의 비원』은 1946년 1월에서 1947년 5월 사이에 신문과 잡지에 기고한 주로 정치 분야 칼럼을 모은 것이고, 『자유조국을 위하여』는 1947년 5월에서 1948년 4월 사이에 기고한 주로 정치, 국제정세 분야 평론을 모은 것이다. 『삼면불』은 1946년 7월에서 1948년 3월 사이에 작성한 주로 사회 분야 칼럼들을 모아서 간행한 것이다. 이 세 권의 평론집은 시기별 현안에 따라 그때그때 작성된 칼럼들을 주제별로 분류한 형식을 취했고, 각각의 칼럼은 대체로 사안의 성격과 추이에 대한 정리, 원인에 대한 진단과 결과의 예측, 대안의 제시와 제언을 담고 있다. 해방 직후의 급박한 정세 변화를 기자의 짧고 가파른 호흡이 아니라 평론가의 냉철한 눈과 긴 호흡으로 되짚으면서 나름의 대안을 모색한 셈이다. 현장 취재로부터 한 발 물러나자 정세를 객관적으로 관찰하고 비판할 수 있는 여유를 가질 수 있었고, 긴 안목으로 난마와 같이 얽힌 현실 정치를 전망할 수 있는 거리를 확보할 수 있었다. 식민지기의 글들이 평양이라는 지역사회에 응축된 민족의 현실을 위주로 했다면, 해방 이후 쓴 평론들은 당시 한국 사회가 당면한 각종 현안 외에 외군 점령에 반영된

국제정세의 변화까지 면밀히 추적하고 있다는 점이 특징적이다. 한편 한 편의 글마다 그의 예리한 관찰력과 비판적 안목, 사안의 심층을 깊숙이 파고 드는 직관과 치밀한 탐구 과정을 보여준다.

생각해 보면 참으로 이상한 일인데 그렇게 많은 혁명가들이 일제에 맞서 조국의 독립을 위해 분투했지만 그들이 남긴 기록, 또는 그들에 대한 당대인의 기록이 흔치 않다. 동전이 1946년 3월부터 잡지에 연재했던 글들을 모아서 출간한 『사슬이 풀린 뒤』는 항일 혁명가로서 평생을 조국의 독립과 해방을 위해 헌신하다 옥살이 후유증으로 젊은 나이에 생을 마감한 그의 형 오기만, 그리고 그와 고통을 함께 나누었던 가족들에 대한 기록이다. 형과 형이 가는 길을 응원하며 보살폈던 그의 어머니와 아내에게 부치는 헌사이자 그들에 대한 필자의 회억(回憶)의 글이다.

흥미 있게도 동전은 그의 행적과 사회적 관심사는 물론 그의 주변사와 개인적 관심에 대한 소회나 그가 그린 행적이 가진 개인사적 의미, 또는 그의 사색의 편린들을 책이나 칼럼의 형식으로 여러 군데에 남겨 놓았다. 『사슬이 풀린 뒤』가 대표적이고, 그 외에도 신상에 변화가 있을 때마다 간헐적으로 칼럼을 통해 그러한 변화를 대상화시켜 풀어놓거나 변화를 맞이하는 주관적 감상을 그대로 술회하고 있다. 기자라면 좀처럼 잘 쓰지 않는 서술 전략이다. 의도적으로 그런 글을 남긴 것이 아닌가 싶을 정도다. 어쨌거나 나름대로 그의 생각과 활동을 객관화시키려는 노력의 일환으로 보이고, 그의 행적을 추적할 수 있는 단서가 된다.

시간 순으로 이 전집에 실린 동전의 마지막 칼럼은 「미소 인민에게 보내는 공개장」이다. 상징적이게도 나라의 독립을 희원하는 열다섯 살 소년의 각오를 형상화한 시로부터 시작된 전집이 이제 그 소년이 갓 불혹을 넘긴 중년의 나이가 되어서 두 쪽이 된 조국과 민족을 어떡하든지 이어보기 위해 외국의 인민에게 보내는 절절한 호소로 끝을 맺는 셈이다. 이 전집은 동전이 살아생전 썼던 모든 글을 집대성한 '전집'을 목표로 하였으나 그 목표를 미처 이루지 못한 채 그의 북행 이전의 글들을 집대성하는 데 그쳤다. 아직 동전이 돌아가신 해조차 확정하지 못하고 서둘러 그의 저작집을 상재하고 있는 것이다. 그가 걸머진 분단의 짐과 무게를 제대로 가늠할 수 없었고, 남은 족적을 쫓아 그의 문필활동의 기록을 마무리할 수 있는 방도도 없었다. 백 번째 맞이하는 3·1운동이 민족의 통일을 재촉하는 화신(花信)이 되기를 빌고, 또 그가 북행 이후 쓴 글들도 모두 모아서 전집을 마무리할 수 있는 날이 하루 속히 오기를 간절히 바란다.

외손녀 김민형 교수가 책과 자료 보따리를 들고 처음 내 연구실을 찾은 것이 기록적인 더위가 온 나라를 달구던 작년 7월이었다. 그로부터 세 차례 계절의 변화를 겪은 뒤 원고를 상재하게 되었다.

동전과 대화를 나누는 심정으로 작업을 진행했다. 이 작업에 동참하여 전집이 나오기까지 자료의 발굴과 수집, 자료 정리와 원고 정서, 해제 작성, 목록과 연보의 정리, 도판 편집은 물론 교정과 편집 실무에 이르기까지 수고를 아끼지 않은 편찬위원들 한 분 한 분에게 감사의 마음을 전한다. 편찬위원들 모두 보람을 느끼며 작업했을 것이라 짐작한다.

따님과 손녀 등 가족의 배려와 응원이 없었다면 작업을 효과적으로 수행할 수 없었을 것이다. 기나긴 기다림, 그리움의 나날과 달래기 어려운 아쉬움을 어찌 몇 쪽의 글월로 다 담아낼 수 있을까마는 전집 발간에 즈음하여 두 분이 세대를 달리하는 표현 방식으로 그간의 소회를 담아주었다. 일찍이 동전의 글이 가진 사학사적 중요성을 알아채고 그의 글을 학계에 소개하고 알리는 데 큰 역할을 해 주신 강만길, 서중석 두 분 원로선생님께서 마음에서 우러나는 글로 전집 발간을 축하해주셨다. 전집 출간에 관심을 가지고 성원해준 모든 분께 감사의 인사를 올린다. 비록 미완의 전집이지만 홀가분하고 기꺼운 마음으로 동전에게 발간 소식을 전해드리고 싶다.

2019년 4월 12일
편찬위원장 정용욱 배

사슬이 풀린 뒤

우리가 같이 체험한
피묻은 이 기록을
순국의 혁명가
선형(先兄) 오기만과
그의 동지요
나의 사랑하던 아내
이미 추억의 세계로
돌아간 김명복의
두 영(靈) 앞에
울며 바치노라.

— 동전(東田)

머리말

8·15해방의 감격이 크면 클수록 자꾸만 눈물이 흘렀다.

해방된 이튿날 옥에서 나온 아우와 조카를 맞고, 한 주일 뒤에는 선형(先兄)의 7주기일(忌日)을 맞이하여 걷잡을 수 없는 눈물이 자꾸만 흘렀다.

선형(先兄)이 우리 형제에게 물려준 단 하나의 고귀한 재산―역사의 발전에 대한 그 강철 같은 신념은 헛되지 아니하여, 이제 민족은 해방되고, 꿈이 아닌 현실로서 몸에 얽혔던 사슬이 풀리니 이 신념을 굽힐 수 없으므로 하여서 목숨조차 수월히 여긴 그를 위하여 새 향(香)을 피워 놓고 무릎을 꿇을 때 걷잡을 수 없는 눈물이 자꾸만 흘렀다.

비로소 순국의 혁명가를 위하여 마음대로 펼쳐 놓고 추모의 자유가 있는 이날 밤에 나는 지나간 30년 그와 함께 체험한 모든 추억을 더듬었다.

그 속에는 선형과 매부와 내 아내의 일생이 있다. 뿐만 아니라 나는 이 추억을 통하여 어머니의 가엾은 모습을 보았다.

그리하여 먼저 돌아간 이들을 추모하며 어머니에게 긴 편지를 썼다. 쓰다가 울고, 울다가 쓰고―그러면서 나는 다시 우리 가족이 일제 반항(日帝反抗)의 깃발 아래 몸을 던지던 기미년에서부터 붓을 들어, 그해에 세상에 나온 아우가 27년 후 민족의 해방과 함께 옥에서 나오기까지에 겪어 온 모든 사실을 꾸밈없이 그대로 기록해 보기로 하였다.

처음에 줄거리만 엮은 미정고(未定稿)가 잡지 『신천지(新天地)』*에 넉 달에 걸쳐서 발표되었을 때, 많은 사람의 눈물을 자아내고 더구나 몇몇 학교에서는 이것을 임시 교재로 썼다는 말을 듣고는 다시 가다듬어야 할 일종의 의무를 느꼈다. 그래서 다시 붓을 들기는 하였으나 조용한 틈이라고는 잠잘 시간을 쪼개는 수밖에 없는 처지라 마음만 조급할 뿐으로 해방 이듬해 가을에야 겨우 끝을 맞았다.

그나마 약속한 출판사가 원고를 가져간 채로 더 좋은 다른 책을 내기에 바빠서 한 달 두 달이 쉽사리 1년을 넘기고 또다시 2년을 넘으려 하매 할 수 없이 찾아오니 그동안 변한 세상에 이 책을 내보내기 위하여는 이 머리말을 고쳐 써야 하게 되었다.

무엇을 고쳐 써야 허나?

3년 전 해방의 감격은 벌써 하나의 묵은 기억이 되어 버렸다. 그렇게도 기쁘더니, 그렇게도 감격스럽더니, 이제 우리의 가슴속에는 이 기쁨과 감격 대신에 새로운 슬픔과 환멸이 자리를 바꾸어 들어찼다.

이제야 제2해방이 있어야 할 것은 누구나 아는 바요 그것을 기다리는 마음도 누구나 초조하다. 그런지라, 3년 전의 해방을 정말 해방으로 알고 기쁨과 감격의 눈물로 엮은 이 책을 읽을 때에 누구나 달라진 세월에 부대끼

---

* **신천지(新天地)** 1946년부터 1954년까지 서울신문사에서 발간했던 종합 월간지. 일제시기 조선총독부의 기관지였던 『매일신보』가 『서울신문』으로 바뀌면서, 과거의 허물을 조금이라도 씻어내기 위해 이 잡지를 발간했다. 해방 직후에는 임화(林和)의 「박헌영론」, 학병동맹의 귀환보고좌담회, 이강국의 모스크바 삼상회의 결정안 지지론 등도 수록될 정도로 진보적 성격을 보이기도 했지만, 한국전쟁 발발 이후 크게 우선회하여 정부와 여당을 뒷받침하는 선전성이 농후해졌다. 10년 가까운 발행 기간 동안 지식층의 호응을 많이 받으면서 한국문화계와 민주주의의 발전에 적잖은 기여를 했다.

며 다시금 슬픔을 아니 느낄 수 없이 되었다.

무엇이 달라진 세월인가?

똑바로 따지면 다르기는, 1945년 8·15 이후 잠깐일 것이다. 도로아미 타불이라면 심한 말일까? 전날에 내 형을, 내 매부를 죽게 하였고, 내 아버지를, 나를, 내 아우를, 내 조카를 매달고 치고, 물 먹이고 하던 그 사람들에게 여전히 그러한 권리가 있는 세상이다.

잘 살 수 있는 권리를 가진 사람이 따로 있고 인민은 여전히 호령 밑에서 불행과 무지와 빈곤에 울어야 한다면 이것은 인민의 처지에서 볼 때에 권력 잡은 지배 세력이 바뀐 것뿐이지 인민 전체의 불행을 행복으로 바꾼 것은 아닌 것이다. 여기, 뒷날에 정말 해방이 오거든 또 한번 『사슬이 풀린 뒤』를 써야 할 까닭이 있다.

처음 이 미정고(未定稿)가 발표될 때에는 이 남조선에서도 누구나 일제에 반항한 것에 의하여 혁명가의 대우를 받을 수 있었다. 따라서 이 책에 나오는 나의 가족 여러 사람들이 겪은 고생과 또는 죽음에 대하여 값을 쳐 주었던 것이다. 그러나 이제는 달라졌다. 그들이 공산주의자였다는 사실만으로써 그들의 혁명가적 가치는 무시되게끔 되었다.

실상은 총명하고 기억 있는 모략 분자에 의하여, 이 사실을 들춰서 나를 공산주의자라고 떠드는 사람도 많다. 나는 여기서 구태여 나의 사상이나 입장을 변명할 필요가 없거니와 다만 이 책이 '공산 분자의 파괴적 기록'처럼밖에 대접을 아니하는 '권리'가 있는 세상은 확실히 슬픈 세상이라고 생각한다. 그래서 이 책을 세상에 내보내는 것은 부질없는 일이 아닐 것이냐고 나의 처지를 헤아려 주는 이들은 권고하였다.

그러나 나는 이 변변치 않은 작은 책도 일본 제국주의의 야만적인 폭압 아래, 조선 민족의 일원으로서 민족적 반항의 한 멍에를 걸머졌던 하나의 기록인 바에는 오늘 사상의 희고 붉은 것을 가리는 것에 의하여 무시될 이유는 없다고 본다. 이 기회에 처음 미정고(未定稿)를 발표해 주고 또 이번에 장정과 삽화를 넣어 준 『신천지(新天地)』 정현웅(鄭玄雄)* 형과 이 책의 간행을 위하여 애써 준 채정근(蔡廷根) 형에게 감사의 뜻을 표한다.

끝으로 나는 이 책을 세상에 내보내는 동시에 시골에 계신 어머니에게 보낼 것을 생각하면서 또 하나의 슬픔이 있다.

그것은 이 원고가 2년 동안 그저 먼지 속에 묵고 있는 새에 나의 맏누님이 세상을 떠난 것이다. 그야말로 나의 여덟 살 적에 나의 가슴에 민족의식을 심어 주신 이다. 만일 그때 그의 교훈이 없었던들 오늘 이 책에 씌어진 모든 기록은 생겨나지 못했을는지도 모르는 것이다.

누구보다도 이 책이 어서 나오기를 기다리던 그 누님이 이 책을 읽어 보지 못하고 세상을 떠난 지금에 어머니를 위하여 누가 이 책을 읽어 드릴 것인가….

네 번째의 8 · 15를 지내고 닷새 뒤

가유실(假有室)에서 동전(東田)

---

* **정현웅(鄭玄雄, 1910-1976)** 한국의 화가. 경성제이고등보통학교 재학 중 조선미술전람회에 〈고성(古城)〉을 출품하면서 미술계에 데뷔했다. 신문 연재소설 이기영의 『어머니』, 채만식의 『탁류』, 이태준의 『청춘무성』 등에 삽화를 그려 넣었다. 해방 후 조선미술동맹에서 활동했고, 한국전쟁 발발 후 월북했다. 북한에서 안악고분, 강서고분, 공민왕릉 벽화 등을 모사하여 역사화가로서 명성을 쌓았다.

차례

사슬이 풀린 뒤

일러두기

○ 본 전집은 1948년 성각사(醒覺社)에서 발간한 오기영의 저작물 『사슬이 풀린 뒤』 『자유조
  국을 위하여』 『삼면불(三面佛)』과 1947년 서울신문사에서 발간한 『민족의 비원』을 복간하
  는 것이며, 그 외 오기영이 생전에 작성했던 각종 신문과 잡지 기사를 발굴하여 엮은 것입
  니다.

○ 『사슬이 풀린 뒤』 책에는 원본에 없는 여덟 개의 소제목을 글의 내용에 따라 전집 편찬위원
  회에서 새로 붙였습니다.

○ 세로쓰기를 가로쓰기로 바꾸었고, 당시의 주요 어법과 단어는 그대로 살리는 것을 원칙으
  로 하면서, 현대식 화법(주로 띄어쓰기 및 맞춤법)에 맞게 부분 편집하였습니다.
   — 한자로 표기되어 있는 단어는 전면적으로 한글로 바꾸되, 뜻이 전달되기 어려운 경우에
   는 괄호 속에 한자를 병기하였습니다.

○ 당시에 쓰이던 인명과 지명, 나라 이름은 현대어 표기로 한자식 표기 뒤의 ( )안에 현대 표
  기 나라이름이나 지명을 실었고, 외래어 일부는 현대 표기법으로 맞춤법을 변경했습니다.

○ 당시 발간 도서에서 명백한 오자로 여겨지는 것과 현대 어법에 적절하지 않은 것은 수정했
  고 변경한 것 등은 아래와 같습니다.
   예시: ~에 향하여⇒~을 향하여; 이러하거던 ⇒ 이러하거늘; 있으려든 ⇒ 있거니와; 하그
   리 ⇒ 깡그리; 하염즉한 ⇒ 했음직한; 허거늘 ⇒ 그러하거늘 등

○ 중요한 사건과 인명 등에 간략한 주석을 달았습니다.
   — 주석의 출처는 한국민족문화대백과사전, 두산백과, 한국근현대사사전, 한국민속문학사
   전, 브리태니커 백과사전, 한국향토문화전자대전, 조선향토대백과 등입니다.

○ 부록으로 동전의 외손녀 글과 오기영 연보를 실었습니다.

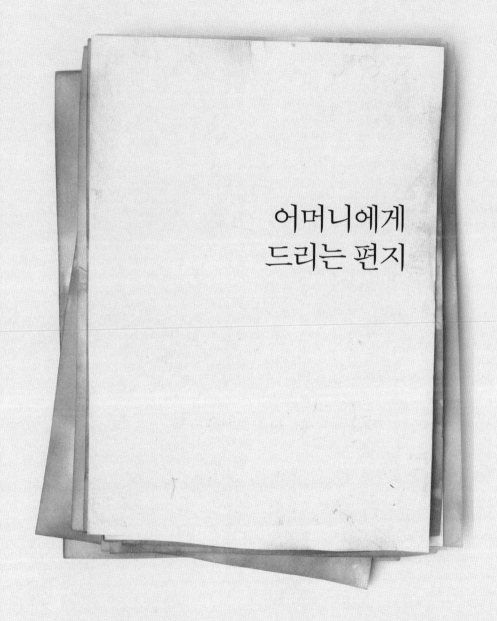

어머니에게
드리는 편지

어머니.

쇠사슬에서 풀린 기쁨은 쇠사슬에 얽혔던 사람에서 더할 사람이 없습니다.

이제부터 어머니는 노예의 어머니가 아니요, 나는 노예의 아들이 아닙니다.

돌아보면 기미년(己未年) 독립운동이 일어나던 해부터 이 땅에 해방이 오기까지 27년 동안 당신은 남편과 아들 삼형제의 연달아 계속하는 옥중생활 때문에 고생하셨습니다. 맏아들은 옥에서 들것에 담겨 나와 필경 목숨을 잃었고, 막내아들은 8·15해방과 함께 옥에서 나왔습니다. 당신이 그중 사랑하시던 막냇사위도 감옥에서 얻은 병으로 인하여 죽을 때 당신께서 눈을 감기시었고, 이제 이 편지를 쓰는 둘째 아들도 네 번 철창생활을 겪어서 당신의 살을 깎았습니다.

생각할수록 모두들 수월찮은 고생을 겪으면서 지내온 27년입니다. 그러나 고생한 뒤끝은 없다 하건마는 이제 이 땅에 해방의 큰 기쁨이 왔거늘 눈물부터 앞서는 것은 웬일입니까.

나는 울었습니다. 마음놓고 거리낌없이 한번 목을 놓아 울었습니다.

어머니도 우시더라는 소식을 들었습니다. 오래오래 참으셨던 울음을 어머니도 마음놓고 우시었을 것입니다. 사실 우리는 마음대로 우는 자유도 없었던 것입니다. 진정, 사는 것이 하도 괴로워 차라리 죽은 이의 행복을 부러워하기도 하였던 우리들입니다마는 이제 이 큰 기쁨을 당하여 살아 남은 자의 행복을 죽은 이들과 나눌 수 없는 것이 슬프지 않을 수 없습니다. 이미 그들은 추억의 세계로 돌아갔고 우리와 함께 있지 아니합니다.

역사의 방향은 정확한 것이라고, 이 땅 이 민족에게 자유가 오는 날이 분명코 있으리라는 신념 아래 옥중살이를 마다 아니하고 즐겨 피나는 싸움에 몸을 던졌던 당신의 맏아들과 막냇사위도 이제는 없고, 우리 삼형제의 그 모든 뒷바라지를 하며 한마디의 불평은커녕 이 고생 많은 집안의 한 가족으로 참가한 것을 오히려 자랑인 양 만족해하던 내 아내도 저세상으로 떠나간 지 이미 3년이 넘었습니다.

니체라는 사람이 말하기를, 사람은 망각하는 동물, 잊어버리는 버릇을 가진 동물이라 하였습니다. 그러나 아닙니다. 사람은 기억하는 동물, 옛일을 잊지 못하는 동물이라고 나는 봅니다. 지금부터 27년 전, 내 나이 열한 살 적에서부터 오늘날까지 어머니가 아팠던 일, 아버지가 아팠던 일, 형님과 나와 아우 기옥이와 누이가 아팠던 일을 잊으려 하여도 잊지 못합니다. 그 모든 아픔을 서로 건드리기 어려워 서로 잊은 체하고 살아왔지마는 실상 우리 가족 중에 어느 누구 한 사람도 이 아픔을 잊어 본 이는 없습니다.

다시야 아플 일이 없어야 옳을 듯이 저 색깔도 고운 우리나라 국기 태극기가 자유로이 시원스러이 맑은 하늘에 춤을 춥니다. 모두 살아 있어서 함께 이 해방의 날을 맞이하였을지라도, 그리하여 저 태극기가 휘날리는 이 기쁜 마당에 모두 모였을지라도 지난날의 고생이 새삼스러워 서로 붙안고 감격의 울음이 없을 수 없으련만, 하물며 형님을 위하여, 매부를 위하여,

내 아내를 위하여 추도의 눈물까지 흘려야 할 때에 우리의 울음이 어찌 애를 끊는 듯이 아프지 않을 수 있습니까. 그래서 나는 당신 무릎에 얼굴을 파묻고 지나간 27년, 그 지긋지긋하던 27년의 고생과 쓰라림을 한번 크게 울어서 씻어 버리고 싶습니다. 그 뜻을 이루는 대신에 이 편지를 씁니다.

어머니,

27년 전, 제1차 세계전쟁이 끝나고 평화의 종이 울었을 때 우리 겨레도 자유를 달라고 몸에 얽힌 사슬을 끊어 보려 몸부림쳤습니다. 강산을 들어서 외치는 독립만세 소리가 하늘에 사무쳤지마는, 그 값으로 얻은 것은 많은 사람이 일본 헌병의 총칼에 목숨을 잃었고 살아남은 이는 감옥으로 끌려가 죄수옷을 입었고 그 무지스런 볼기채 위에서 기절한 것뿐이었습니다.

봄이건만 아직 추웠다고 기억됩니다. 연안(延安)헌병대로 넘어가는 남편을 보려고 이른 새벽 헌병 분견대(分遣隊) 문 앞에 추연히 서 있는 어머니 옆에는 열한 살짜리 이 아들이 있었습니다. 포승줄에 얽힌 수십 명이 헌병과 보조원에게 끌려 오십 리 눈길을 떠난 뒤에,

"아버지는 언제 올지 모른다."

고, 어머니는 말씀하셨습니다. 그러나 어머니와 내가 모른 것은 그것뿐이 아니었습니다. 그해가 거의 저물녘이던 겨울에 아직 열한 살짜리 내가 역시 아버지가 붙들려 가던 길을 같은 죄목으로 끌려갈 것도 몰랐고, 또 그 뒤를 이어서 열다섯 살짜리 형님이 끌려갈 것도 몰랐던 것입니다.

어머니와 내가 모른 것은 그것뿐이 아니었습니다. 그로부터 상차 27년 후 비로소 조선에 해방이 올 때, 감옥문이 열려 수많은 혁명가들이 자유로운 천지로 나올 때 그 틈에 섞여 나오는 한 젊은 법학사(法學士)가 그때 당신의 태중에 들었던 막내아들 기옥일 것도 몰랐던 것입니다.

오늘의 이 해방이 우리의 힘으로 된 것은 아닙니다. 그러나 이 민족의 자유를 찾으려는 싸움은 꾸준하게 계속하여 왔고 당신의 아들 삼형제는 늘 이 싸움터에서 물러서지 아니하였습니다. 이것이 오늘날 와서는 자랑할 만한 일이나 동족끼리는커녕 한 집안에서까지도 경원(敬遠)을 받아야 하는 과격한 사상의 소유자인 이 아들들 때문에 어머니에게는 늘 슬픔이 가득하였습니다. 아들들이 하는 일이 나쁜 일이 아닌 줄 잘 아시는 어머니요, 또 그 마음을 꺾을 수 없는 줄 알아서 아예 꺾어 볼 생각을 아니하시는 어머니였지마는, 그러나 살림이나 잘하고 맘 착한 며느리의 공대나 받을 수 있는 그러한 어머니가 되고 싶은 마음이 어째 무리한 욕심이었을 것입니까. 하지만 어머니는 이러한 소원을 이루어 보지 못하였습니다. 압박자의 독한 손길이 해외에까지 뻗쳐서 마침내 망명 중에 있던 맏아들이 쇠수갑을 차고 고국의 감옥으로 돌아왔을 때,

"감옥살이가 한두 번인가, 몸만 성하면!"

이것이 어머니의 단 한 가지 소원이었습니다. 그렇건만 가엾은 우리 어머니의 단 한 가지 소원조차 이루어지지 못하여 형님은 옥중에서 병에 걸려 들것에 담겨 나와 필경 목숨을 잃었습니다. 산골짜기 외따른 초막 속 등잔불 밑에서 봐 주는 이 하나 없이 어머니와 아버지 두 분이 그의 감지 않으려는 눈을 감겨 놓고 마주앉아 그 밤을 밝혔을 광경은 나의 잊을 수 없는 슬픔입니다. 그의 초라한 장사를 지내던 날 슬픔에까지도 지쳐 버린 당신의 모습을 회상할 때마다 나는 눈물을 흘렸습니다. 이제 와서는 순국열사요 영광스러운 죽음으로 온 고향 사람의 추도를 받았습니다마는 그때 당신의 가슴에 박힌 못이야 뽑을 길이 없습니다. 하물며 당신에게 이것은 처음 겪는 아픔이 아니십니다. 맏아들이 아직 옥중에 있을 때에 역시 감옥에서 언

은 병으로 인하여 이내 추서지 못하고 세상을 떠난 막냇사위도 이때 맏아들의 죽음과 같이 어머니 아버지 두 분만이 앉아서 눈을 감기셨습니다.

형님은 죽기 바로 전에 어머니에게,

"이런 꼴을 겪는 게 어머니 한 분만 아니예요, 조선 사람 중에 이런 사람이 많아요."

했지만은, 또 그것이 사실이기도 합니다마는, 그러나 어머니가 탄식하신 바와 같이 남들은 그러지 않고도 잘들 살았던 것입니다.

어머니에게 겨우 마음을 붙일 곳이 있었다 하면 그것은 나의 가정이었습니다. 이미 오남매를 기르는 내가 비록 가난할망정 살림살이가 차츰 자리 잡혀가는 듯한 것이 당신께는 기껏 대견하고 믿음성스러웠던 것입니다. 그러나 이것이 또한 나의 노력이 아니라 아내가 그 약한 몸을 가지고 억지로 지탱하여 오는 살림인 것을 번연히 아시는 어머니에게 이 며느리의 죽음이 또한 가슴 아픈 일이 아닐 수 없습니다.

이제 와서 어머니가 믿을 곳은 오직 하나 남은 막내아들이었습니다. 하루바삐 막내며느리를 맞고 싶은 마음이 어느 어머니에겐들 없을 것입니까마는 당신이 이때까지 겪은 모든 슬픔을 잊을 수 있는 길이 오직 귀여운 막내며느리를 거느려 보시는 그것뿐일 때에 남의 어머니에 비길 수 없이 바쁜 소원이었습니다. 하지만 당신은 기다리셨습니다. 대학이나 졸업한 뒤에 천천히 가도 좋다고 조급한 마음을 누그러뜨리셨습니다. 그 기다리고 기다리던 졸업을 하여, 동리에서 흔치 아니한 대학 출신으로 역시 전문학교를 나온 며느리를 맞으시던 날 당신은 모든 지나간 슬픔을 누르고 기뻐하셨습니다. 허나 한 주일 뒤에, 겨우 한 주일 뒤에 얼마나 무서운 절망이 다다를 것을 아시지 못하셨습니다.

어머니,

혼인한 지 한 주일만에 막내아들을 또 감옥에 빼앗기고 당신은 우실 기운조차 없으셨습니다.

"글쎄, 이 무슨 모진 목숨인고, 죽어 이 꼴을 안 보면 좋을 것을."

하고 탄식하셨습니다.

"어머니, 걱정마시우. 이 망할 세상의 끝장이 몇 날 안 남았습니다."

고, 내가 우리 앞에 광명이 가까운 것을 말씀 드릴 때에 당신은,

"그럴까?"

하고, 하도 오래오래 겪어 오신 이 고생의 끝장이 날 듯한 소망을 가지셨습니다.

"좋은 세상이 이제 옵니다. 고생하신 보람이 올 날이 있어요."

하는 나의 말에 어머니는,

"허기는 고생한 보람을 바라는 것은 아니다."

라고 말씀하셨습니다.

어머니,

이제 그 고생의 끝장이 났습니다. 이제는 모든 쓰라린 과거를 잊어도 좋습니다. 그러나 우리는 이 모든 아픈 과거를 잊지 말아서 두고두고 기억해야 할 필요가 있습니다. 우리 당대(當代)뿐이 아니라 길이 자손에게까지 이 피 묻은 기록을 전할 필요가 있습니다. 그리하여 우리의 자유를 침략하였던 야만에 대하여 두고두고 적개심을 가져야 하며 그 적개심을 자손에게 상속시킬 필요가 있습니다. 이것으로써 우리의 자손이 그들의 자유를 영원히 지켜 나가는 노력의 본보기가 되어지기를 바라기 때문입니다.

그래서 나는 나의 기억에 있는 사실을 사실 그대로 아무런 꾸밈이나 보

탬이 없이 써 보기로 합니다. 이것이 우리 가족만이 겪은 일이라 하면 아무런 문제될 가치가 없습니다마는 형님의 말과 같이 이러한 일을 당한 조선사람이 많기 때문에 이 기록은 가치가 있다고 믿습니다.

어머니는 이미 늙으셨습니다. 이제는 정말 아들들의, 며느리들의 공궤를 받으셔야 할 처지이십니다.

그러나 어머니! 아직 이 땅에 완전한 자유가 오지 아니하였습니다. 두 아들은 그래서, 새로운 싸움터로 나가는 것입니다. 어머니가 이것을 이해해 주시는 것이 오직 우리 형제에게는 가슴이 벅차도록 고맙고 감격하는 것입니다.

어머니,

나는 지금 어디다 빌어야 할는지 모르나 어머니에게, 아버지에게 십 년만 더 살아 계시게, 꼭 그렇게 되게 하여 주십사 하고 간절히 빌면서 1945년 8월 23일 해방 후 처음 맞는 형님의 기일(忌日)에 이 글을 드립니다.

1. 만세와 거짓 자백

이태왕 인산(李太王因山)*을 보러 갔던 이들은 서울서 170리밖에 떨어져 있지 않은 이 조그마한 배천읍(白川邑)에 놀라운 소식을 가지고 돌아왔다.

"우리나라도 독립한다!"

나라를 잃고 불우한 여생을 보내던 이태왕을 망국군주(亡國君主)라고 얕잡아 보기에는 이 나라 백성은 너무도 순후하여, 국장(國葬)날까지 백일 동안 흰갓을 쓰고 베옷을 입은 백성들이었다. 이리하여 가엾은 임금을 그리는 마음으로 그의 인산에 절하러 갔던 이도 있고 뼈끝까지 저리는 망국민의 슬픔이 새로워서 인산을 핑계로 마음놓고 울어 보러 갔던 이도 있었다. 이들이 갈 때는 생각도 못 하였던 이 놀라운 소식을 가지고 인산 광경을 들으려고 기다리는 동네 사람들 앞에 돌아온 것이다.

"왜놈의 압제를 벗게 된다!"

꿈 같은 말이었다. 하지만 이 꿈 같은 소문은 삽시간에 온 읍에 퍼져서 집집마다 사랑방에서는 어른들이, 안방에서는 여인네들이, 건넌방에서는

---

* **이태왕 인산(李太王 因山)** 1919년 3월 3일 거행된 고종의 국장(國葬)을 뜻한다. 대한제국의 황제였던 고종은 1907년 일제의 강요에 의해 황제의 직위에서 물러나 실권 없는 태황제(太皇帝)가 되었고, 1910년 일제의 강제병합 이후 이태왕(李太王)으로 불렸다. 1919년 1월 22일 고종이 승하하자 일본에 의한 독살설이 널리 유포되어 3·1운동의 여러 배경들 중 하나를 구성하게 되었다.

새악시와 당혼한 처녀들이 모두 등잔불 밑에 머리를 맞대고 수군거렸다. 저마다 흥분하고 가슴이 설렁거렸다.

"누님, 태극기를 꺼내 볼 날이 있겠구려."

나는 이 말을 어느 날 밤 우리집 안방에서 외숙모가 어머니에게 조용히 소곤거리는 것을 들었다.

나는 태극기가 어떤 것이며 그것이 어째서 정말 우리나라 국기며 경절날 내거는 해만 그린 기는 왜놈의 국기라는 것을 3년 전부터 알고 있었다. 3년 전이면 내 나이 여덟 살 적이요, 이 지식을 준 이는 맏누님이었다. 그러나 나는 이때까지 집안 어느 구석에 태극기를 감춰 둔 줄은 알 까닭이 없었다. 그것이 어떻게 신기한지 당장 구경하고 싶었다.

"어디 거 좀 구경했으믄!"

나의 이 호기심은 어머니와 외숙모를 깜짝 놀라게 하였다.

"어린것이 무슨 말참견이냐, 어서 잠이나 자!"

비밀한 흥분을 어린것이 옆에서 듣고 맹랑스럽게 말참견을 하는 것이 어머니를 놀라게 하였고 그래서 곧장 꾸중으로 나왔지마는 내 생각에는 벌써 온 동네가 다 아는, 왜놈의 압제를 벗게 된다는 사실을 왜 내게다가 숨기려는가 싶어 억울한 무정지책에 고만 울음이 터져 버렸다.

"울기는…. 어서 잠이나 자! 보조원이 오면 어쩌려고 그래."

그러나 우리가 그렇게 무서워하던 보조원 녀석들이란, 독립만 하는 날은 육시를 할 놈들이란 말을 사랑방에서 어른들이 수군거리는 소리로 벌써 다 알고 있는 나였다. 그까짓 보조원이 이젠 무서울 것이 없었다.

"소문만 가지고는 도무지 종을 잡을 수가 없어, 내가 한번 갔다와야."

며칠 뒤 아버지는 저녁을 자시면서 이런 말씀을 하셨다. 집을 떠난 지

닷새 만에 아버지는 그 후의 서울 소식을 가지고 돌아오셨다.

아직 독립이 된 것은 아닌 것, 이제부터 독립하겠다고 만세를 불렀다는 것, 서울뿐 아니라 조선 천지 어디서나 만세를 불러야 독립이 된다는 것, 서울서는 벌써 수천 명이 헌병대에 잡혀가고 죽은 사람도 많다는 것, 그러나 더러 죽는 한이 있더라도 이 기회에 만세를 불러서 독립을 해야 한다는 것.

서울 소식을 들으려고 사랑방에 모여든 동네 사람들에게 아버지가 하는 말씀을 나는 들었다. 그리고 퍽 소중한 물건처럼 조끼 속 주머니에 넣어 가지고 오신 종잇조각을 꺼내서 조용조용히 읽으시었다.

최후의 일인, 최후의 일각까지….

이런 구절이 어린 나에게도 뼛속까지 스미는 듯하였다. 아버지의 음성은 조용조용하나 분명히 떨리는 음성이었고 듣는 이들도 모두 숨소리조차 죽이고 얼굴마다 감격에 벅찬 듯하였다. 나는 아침저녁 만나는 이들의 얼굴에서 이런 표정을 본 일이 없었다. 선언서를 다 읽고 나신 아버지의 얼굴에는 분명 눈물이 흐르고 있었다. 다른 두어 사람도 눈물을 닦았다.

한참 동안 모두 아무 말이 없었다.

이들은 10년 전 나라 망하던 때를 생각하는 것이었다. 을사년(乙巳年) 보호조약이 체결될 때부터 이미 나라는 망했다고 낙심하였던 것이기는 하지마는, 기어이 경술년(庚戌年) 8월 합방조약을 보고는 모두 목을 놓고 울었다.

군수 전봉현(全鳳顯)은 보호조약이 체결된 직후 상투를 깎아 버리고 나선 이다.

"세상을 바로 보고 살자, 우리는 우리를 먹겠다는 청일전쟁(淸日戰爭) 러일전쟁(俄日戰爭)을 겪고서도 아직도 태평세월만 여겨 꿈속에 들어있다. 깨자, 양반 타령을 집어치워라. 그렇지 않다가는 정말 나라가 망한다."

그는 이런 말을 기회 있는 때마다 백성에게 외치고 동네마다 학교를 세웠다. 머리 깎은 생도는 칭찬하고, 댕기 늘인 아이는 그 부모를 찾아가서 학생은 머리를 깎아야 한다고 타일렀다. 혹은 거드름 빼는 양반의 감투를 벗겨 오라고 아이들을 시키고 그것이 성공할 때는 칭찬했다.

마침내 양반 김씨네가 사발통문을 돌려서 군수를 들어내려 했지만 여기 응하는 백성이 없었다. 도리어 이 통문을 들고 다니던 김씨네 하인 춘보(春甫)는 붙들려 가서 볼기를 맞아야 할 판에 자식을 머리 깎아 학교에 보낸다는 다짐을 군수 앞에 두고 용서를 받았다.

"네 자식을 왜 학교에 보내라는지 아니? 이담 세상은 학교 공부 한 사람의 세상이 올 께야."

라고, 춘보를 내보내며 군수는 말했다.

그러나 나라는 기어이 망했다. 왜놈의 천하가 되어 버린 것이다. 전 군수는 목을 놓아 울다울다 지쳐서 사흘째 식음을 전폐하였다는 소문이 퍼져나왔다. 여러 학교의 선생들과 학생 대표가 군수를 찾아가서 마당에 늘어서고 그중 최광옥(崔光玉) 선생이 군수의 방으로 들어갔다. 이 최 선생은 평안도 태생으로 일본 유학을 하고 돌아와서 신교육 운동을 일으킨 선각자였다. 그가 전 군수의 교육 사업을 돕기 위하여 이 고을에 와서 여러 학교 교장의 선생님이 되어 있었다.

"영감, 고정하시고 몸을 돌보시오."

하고, 그는 군수의 초췌하고 기운 빠진 얼굴을 바라보며 말했다. 어제도 그제도 하던 말이었다.

"몸을 돌봐 무얼 하오, 나라 없이 살아 무얼 하오."

군수는 눈물을 흘렸다. 어제나 그제나 다름이 없었다. 최 선생이 따라서 흐르는 눈물을 씻고 나서,

"죽기야 어려울 것 없지요. 허나 잃었던 나라를 찾아야 할 재목을 길러야 아니하오, 영감 일어나시오."

하고, 권할 때에 군수는,

"선생 말씀이 옳소. 내 일어나리다."

이렇게 해서 군수는 슬픔을 거두고 일어났다. 그는 나라 망한 것이 정부에 앉았던 양반 뼈다귀를 가진 녀석들 때문이었다고 학교마다 다니며 핏줄을 올려 격월(激越)한 연설을 하고,

"이제 우리는 나라를 도로 찾아 놓아야 죽어도 돌아갈 곳이 있다."

고 하였다. 최광옥 선생이 그해 가을, 쇠약한 몸에 각혈을 무릅쓰고 학교 순회를 다니던 끝에 병이 더쳐서 세상을 떠났을 때 군수는 장례식에 모인 온 읍 사람들과 여러 학교 500여 명 학생 앞에서,

"내 어젯밤 꿈에 최 선생을 만났소. 그렇게 마음이 착하고 진실한 예수교인인 최 선생이 으레 천당에 갔을 줄 알았더니 그렇지 못합디다. 천당에서 들이질 않더래요! 망국민은 천당 오를 자격이 없다고. 그래 내가 그럴 수가 있느냐고 하였더니 최 선생 말씀이 '아니오, 이천만 동포가 이제 외국의 압제하에 도탄에 들었거늘 내 그것을 구하지 못한 몸이 무슨 염치로 천당의 복락을 누리겠소. 지옥이 지당하오.' 아, 최 선생이 이런단 말이오. 여러분, 최 선생의 혼은 지금 천당에도 못 갔소, 그렇다고 지옥에서도 아니 받는대요, 생전에 쌓은 덕이 있는데 지옥이 당하냐고! 천당도 지옥도 못

간 최 선생이 얼마나 가엾소? 이게 모두 나라 잃은 탓이오."

군수는 말문이 막히고 그 대신 울음을 터뜨렸다. 고개를 숙이고 눈물을 떨구던 군중들도, 학생들도 모두 소리를 내어 울었다….

지금 우리집 사랑방에 모여 독립선언서를 읽고 서로 말없이 앉아 있는 이들에게서 나는 이 얘기를 열 번도 더 들었다. 그런데 오늘밤도 이들은 또 10년 전의 그 생각을 하는가 보다고 나는 생각했다. 그리고 또 그들은 그 후 10년 동안 일본 헌병의 압박이며, 같은 조선 사람이면서 칼을 차고 보조원 노릇을 하느라고 동네 노인들이며 부녀자를 쩍 하면 아무데서나 뺨을 치고 발길질을 하는 것을 분하게 생각하는 듯하였다. 아마 상등병의 마부(馬夫) 노릇을 큰 벼슬처럼 여겨 제법 보조원 행세보다 더 괴악스레 구는 박칠성(朴七星)이에 대한 가지가지 괘씸하고 분한 것도 생각하는 듯하였다.

"옳은 말야! 더러 죽는 한이 있더라도 독립을 해야 해. 그렇잖으면 어차피 다 죽을 판이야."

누군가 이렇게 말했다. 모두들 옳다고 하였다.

동네에서 그중 큰 사랑방인 우리집 가게에는 며칠째 두고 저녁마다 일찍 가게 빈지를 달았다. 빈지문을 꼭 달고 안으로 휘장을 쳐서 밖에서 들여다보이지 않게 한 뒤에 동네 사람들이 모여서 태극기를 그렸다. 기침 소리도 크게 아니할 만큼 조심하면서 행길의 발자취가 가게 밖에 멈추는 듯하면 서로 긴장하여 얼굴들을 마주보면서 귀는 행길 쪽으로 기울이기가 일수였다.

잡화상이자 학용품도 파는 우리집 가게라 백지 반지(半紙)를 있는 대로 내어놓고 푸른 물감, 붉은 물감을 타서 수없이 그렸다. 한쪽에서는 담뱃대 소용으로 파는 설대를 뭉치째 풀어 놓고 그려 내는 태극기가 채 마르기도 전에 붙였다.

처음 하루이틀은 얼씬도 못 하게 하더니만,

풀 좀 내오너라.

물 좀 떠 오너라.

하는 잔심부름이 늘어 가자 나도 한몫을 볼 수 있었다. 그림 재주가 없는 나로서는 기를 그릴 맘은 내지도 못하였지마는 그려 낸 기를 설대에 붙이는 것쯤은 손끝에 풀더께가 앉도록 실컷 할 수 있었다.

"너 학교 가서 이런 말 하면 못쓴다."

나는 이런 주의를 여러 번 받았다. 그러나 실상 나는 학교에서 벌써 천중이네 사랑, 송 선생님네 사랑, 또 누구누구 집에서도 이렇게 매일 밤 기를 만드는 중인 것을 까불이 영찬이, 덜렁이 천중이한테서 들어서 알고 있었다. 만세는 장날 부를 터인데 제일 먼저는 염억룡(廉億龍)이와 오예제(吳禮濟)가 부르기로 하였다는 것도 알았다. 그날은 장날 핑계로 장 보러 오는 체 촌에서도 모두 읍으로 들어온다는 것도 알고 있었다.

드디어 그날이 왔다.

아침부터 동촌, 서촌에서 촌사람들이 자꾸 모여들었다. 이태왕의 복(服)을 입어 검은 갓 꼭대기에 붙였던 백지를 요새 뜯어 버렸으나 아직 흰 종이 붙였던 자리가 희끗희끗하거나 백지 조각이 두덕두덕 붙은 갓을 쓴 촌사람들이 많았다. 전 같으면 흔히 감투만 쓰거나 맨머리 바람에 수건만 동였거나 삿갓을 쓰고 오던 이들이 오늘은 대개 갓을 쓰고 들어왔다.

우리집 사랑이며 그 밖의 여러 사랑에서 만든 태극기는 동촌 수무정(樹

茂亭)과 서촌 밤웅 너머 고개 밑에서 이들에게 한 개씩 나누어졌다. 그러면 이들은 피차 아무 말 없이 기를 받아서 속허리춤에 넣고 읍으로 들어오는 것이다.

이런 속내도 모르고 그전처럼 젠체하고, 옆구리에서 칼자루를 절그럭거리면서 장마당을 지나가는 보조원의 등 뒤에는 수많은 미움의 눈총이 쏟아지고 있었다.

"거, 참 멍텅구리다."

라고 나는 생각했다.

우리집 가게 뒤채가 지덕이네 아주머니 술국집이었다. 이 아주머니는 오늘따라 일찍 술국을 끓이고 국밥을 말았다. 그러고는 아는 이들을 부지런히 불러들였다.

"얼른 자셔 두우. 그저 속이 든든해야 합넨다."

"어느새, 점심이 일르지."

"글쎄 자셔 두우. 그저 속이 든든해야 합넨다."

그러면 대개는 또 두말 않고 한 그릇씩 받아들었다. 이 아주머니도 오늘 일의 속내를 아는 눈치였다.

이제나, 이제나 하고 나는 기다렸다. 어린애는 안에 들어가 있으라는 어른들의 꾸중을 여러 번 들었으나 나는 안에 들어 앉았을 수가 없었다. 집 안에서는 사람을 시켜서 어머니가 불러들였으나 일없이 부른 눈치를 알자 나는 마당에서 다시 문간으로 발길을 돌렸다.

"글쎄, 얘야 안에 있어! 꿰져 죽으려고 그래?"

등 뒤에 들리는 어머니의 걱정에,

"죽어두 좋아요."

하는 대답을 문간에 남겨 놓고 나는 다시 행길가로 뛰어나갔다. 정말 죽어도 좋을 것처럼 자꾸 신이 나서 그냥 앉아 있을 수가 없었다.

이제나… 이제나….

먼저 만세를 부르기로 하였다는 염억룡이와 오예제가 우리 앞가게 천중이네 사랑방에 있는 것을 나는 안다. 하 궁금하여 슬며시 그 사랑 쪽으로 가려는 참에 얼굴이 해쓱해진 염억룡이와 생글생글 웃는 오예제가 똘똘 말은 깃대를 들고 행길로 나서는 것을 보았다. 나는 발길을 우리 가게 쪽으로 돌려올까 말까 하면서도 눈은 그들을 따랐다.

두 사람은 장마당 한복판에 들어서자 좌우를 돌아보고 또 서로 마주보는 듯하였다. 먼저 염억룡이가 똘똘 말은 깃대를 펴고 오예제도 펴기 시작하였다.

공중으로 올려 뛰기는 오예제가 먼저 뛰었다. 원체 몸이 날랜 그였다. 몸을 솟구쳐 뛰면서 태극기를 높이 들었다.

"대…한…독…립…만…세!"

염억룡이도 공중으로 올라 뛰었다.

"대한독립만…세…!"

"와…"

장꾼들―실상은 이 만세를 부르기 위하여 모여든 사람들이면서도 생전 들어도 못 보고 불러도 못 보고 연습해 본 일도 없는, 이 "대한독립만세"를 갑자기 어울려 부르기보다는 먼저 저미다 지절로 터져 나온 소리가 "와…" 하는 이 한마디였다.

선창자(先唱者)는 다시 불렀다.

"대한독립만세!"

이 집 저 집에서 가게문을 일변 닫으며 길거리로 뛰어나왔다.

"대한독립만세!"

기, 기, 태극기, 태극기의 물결은 사람들의 머리 위에서 파도처럼 일어났다. 푸르럭 하는 깃발의 파도 소리 다음에는 만세 소리가 뒤를 이었다. 다시 깃발의 물결이 일어나고 그러고는 만세 소리가 터져 나왔다.

"만세!"

"대한독립만세…"

모두 얼굴마다 눈물이 질척질척하였으나 그러나 만세 소리는 슬픈 목청은 아니었다.

"보조원 온다!"

누군가가 소리를 쳤다. 군중은 잠깐 당황하였다. 그런데 또 누군가가,

"오면 어떠냐. 대한독립만세―!"

다시 만세는 연거푸 불리웠다. 깃발의 파도도 그대로 일어났다.

푸르럭, 푸르럭….

쫓아올 듯하던 보조원은 발길을 돌쳐서 헌병 분견대(憲兵分遣隊) 쪽으로 치달았다.

나는 보조원 녀석들이란, 독립만 하는 날은 육시를 할 놈이라던 어른들의 말이 생각났다.

"옳지, 저놈이 육시를 당할까 봐 달아나는구나, 저걸 좀 잡아오지 않나?" 고도 생각했다.

"상등병(上等兵) 온다!"

보조원은 내 생각처럼 도망간 것이 아니라 상등병을 부르러 갔던 것이었다. 상등병은 말을 달려 군중 속으로 뛰어들었다. 모자 끈을 턱에 내려

걸고 칼을 뽑아 들었다. 뒤미처 보조원 두 명은 총을 들고 쫓아왔다.

"와…"

"사람 죽인다…"

군중은 갈라졌다. 그러나 군중은 도망치는 것이 아니라 가르친 이도 없이 행렬을 시작하였다. 한 패는 서촌으로, 한 패는 동촌으로, 그리고 또 한 패는 남문턱으로 향하는 것이다.

상등병은 말을 몰아서 서촌으로 행진하는 군중의 앞을 질렀다. 총 든 보조원은 다른 두 행렬의 등뒤에서 총대머리로 두들기기 시작하였다.

피….

나는 피를 보았다.

조그마한 읍이라 모두 합쳐서 겨우 대여섯 명 있는 상등병과 보조원으로서, 다 뛰어나왔자 이 흥분한 군중을 어쩌는 수가 없었다. 막 두들겼다. 피를 흘렸다. 피 흘린 사람, 피 묻은 사람이면 나중에라도 잡으리라는 심속인 듯하였다.

그러나 만세 부르는 수많은 입을 막는 도리는 없었다. 만세의 행렬이 지나가고 나면 거리는 죽음의 거리처럼 조용하고, 찢어져 땅에 떨어진 깃발 조각이 너더분하였으나 행렬이 다시 오면 거리는 다시 살아나는 듯하고 만세 소리는 하늘을 찌를 듯하였다.

이것을 저녁때까지 계속하였다. 벌써 백여 명이 붙들려 총대머리로 얻어맞아 가면서 헌병 분견대로 끌려갔건마는 만세 소리는 이전하였다. 잡을 사람은 많고 붙잡을 손은 모자라서 저녁때부터는 상등병의 마부 박칠성이도 보조원 복장을 하고 총에다가 창을 꽂아 들고 나섰다. 그러나 이튿날 또 이튿날도 만세는 계속해 불렀다. 계속해서 하루 수십 명씩 붙들렸다.

"아 그 칠성이란 놈이 제 외삼촌을 잡아갔구려!"

"사람 하나 잡는 데 상금이 오십 전이랍디다. 그놈이 정말 보조원놈들보다 더 먼저 쳐 죽여야 할 놈이요."

"그래, 아무리 상금이 좋기루! 오십 전 아냐 오백 냥이기로 그래 제 외삼촌을 잡아가야 옳아?"

"옳구 말구가 어디 있소? 어차피 개노릇을 할 바에야 돈이나 벌자는 게지."

"그렇잖아도 그 영감이 이놈아 네가 나를 잡아가야 옳으냐고 호령호령하면서 붙들려 가는데 그놈 수작이, 이왕 잡혀가실 바에야 생질이 생색내고 돈벌이 시키시라고 하면서 잡아갔대."

"저런 죽일 놈이 있나!"

"사람을 하나 잡으면 상금이 오십 전이요, 잡았다 놓치면 벌금이 일 원이라는구려. 그놈 족히 제 외숙 잡아갈 놈입넨다."

"그래도 엊저녁에 그 에미가 오라비의 저녁을 가지고 분견대로 들어가면서 오라버니를 이담에 무슨 면목으로 대하느냐고 울었답디다."

여인네들에게는 새 일이 한 가지 생겼다. 붙들려 간 남편을, 혹은 아들을 위하여 하루 세 끼 헌병대에 밥을 날라야 했다.

한 주일쯤 지나서부터는 집집에 가택수색이 시작되었다. 어머니는 아버지가 읽던 안중근 공판기(安重根公判記)며 그 밖에 몇 가지 책을 집에 감춰두었던 태극기에 싸서 헛아궁이 잿더미 속에 파묻었다. 그러나 하룻밤 지내고 그것이 불안하여 뒷담에 붙은 굴뚝 속에다가 감추었다. 그러나 굴뚝도 뒤졌다는 소문에 필경은 그것도 불안하여 도로 꺼내다가 뒷겻을 파고

땅속에 묻었다.

"저걸 태워 버리면 쉬울 텐데…"

하고 처음에 나는 어머니보다 꾀 있는 체 어머니의 하는 양이 답답하였으나, 그 보물처럼 애낀 태극기, 나라가 망할 때 장롱 속에 깊이 넣어 두었던 태극기를 어떻게든지 감추어 지니시려는 심중을 나중에야 알 수 있었다. 그래서 하루도 몇 번씩 그것을 파묻은 자리에 가서 발로 자꾸 밟고 다른 땅이나 다름없이 보여지도록 애를 썼다.

사흘인가 지나서 기다리던 헌병이 우리집에도 달겨들었다. 먼저 겪고 헌병을 따라온 큰아버지가 그들을 안방으로 인도하면서

"이 집에도 아무것두 없습니다."

할 때에 헌병은

"무슨 말이야 나쁜 자식이가!"

하고 큰아버지의 뺨을 친 뒤에 구두를 신은 채 방으로 들어왔다.

옆닫이를 열어 옷가지를 샅샅이 뒤지고, 장롱을 열어 모두 뒤집어 보고 벽장을 헤집고 나중에는 방마다 천장을 뜯어 놓고 나갔다.

천장을 뜯어 놓는 것을 나는 그저 심정 사나운 녀석들이 심술 피는 것인 줄로밖에 그때의 지혜로는 알 수가 없었다.

온 동리의 가택수색이 끝난 뒤에 죄가 경하다고 보는 사람은 우선 볼기를 쳐서 내보내기 시작하였다. 경하다는 벌이 볼기 구십 도(九十度)를 맞는 것이다. 하루 삼십 도씩 사흘에 맞는 법이다.

볼기치기가 시작되자 그 숱한 사람을 여기 있는 보조원만으로는 너무 팔이 아프고 힘드는 노릇이어서 연안(延安)에서 응원 보조원이 열다섯 명이나 왔다. 볼기채는 분건대 뒷마당에 있었다. 오늘은 누구누구가 맞는 차

레라 하여 사흘째 맞는 이들의 가족은 업고 갈 사람을 데리고 분건대 문밖에서 기다렸다.

"아무개 업어 가라!"고 볼기치기가 끝날 때마다 보조원이 문간을 내다보며 소리를 쳤다. 그러면 들어가서 업어 내왔다.

"아이구우 아이구우 우후…"

업기는 하였으되 볼기짝에는 손을 댈 수가 없어서 아랫도리를 부축하는 사람 하나가 더 매달려서 걸머지다시피 하여 가지고들 나왔다. 동리에서 엎디어 앓는 환자가 매일같이 늘어 가고 염 주부(主簿, 한약방을 차린 사람)와 최 주부는 날이 갈수록 점점 더 바빴다.

볼기 치는 뒷마당 북쪽 담은 과히 높지 아니하였다. 나는 한번 살랑살랑 그리로 돌아가서 담을 기어올라 볼기 치는 광경을 구경하였다. 十자로 틀을 짰는데 그 위에 사람을 엎어서 팔과 다리는 밧줄로 볼기채에 묶어 놓고 볼기짝을 까놓았다. 보조원 두 사람은 벌써 여러 사람을 친 모양이어서 모자는 쓴 채 저고리는 벗어 놓고 상판이 싯뻘겋게 상기가 되어 가지고

"엇!"

"엇!"

하며 번갈아 쳤다.

"우후 우후."

엎어져 맞는 이는 첫날이면 소리도 친다지만 대개 사흘째는 이 '우후' 소리밖에 내지 못하였다. 어떤 이의 볼기짝은 싯퍼렇게 멍이 들고 어떤 이는 싯뻘겋게 부풀어 터져 가지고 흐물흐물하였다. 이런 볼기짝에서는 칠 때마다 철썩 소리와 함께 검붉은 피가 놀란 듯이 튀어나고 그것이 보조원의 상판때기에 튀어 묻기도 하였다. 그러면 보조원은 손등으로 얼굴을 쓱 문

대고는 그담에는 다시 한번 손바닥에 침을 뱉아 몽치를 가다듬어 쥐고서 내려쳤다.

"아이구! 아이구."

"우후! 우후!"

하루같이 이 소리는 이 마당에서 계속되는 것이다.

"하느님은 귀가 먹었나?"

하고 나는 생각해 보았다. 이렇게 허구한 날 숱한 사람의 아픈 소리도 못 듣는 하느님이면 소리도 안 내고 하는 묵상기도는 어떻게 듣는 건가 싶었다.

이 마당 한 옆에 섰는 늙은 느티나무 위에서는 가마귀가 울었다.

까욱

까욱—

끔찍한 광경에 진저리를 치며 우는 것 같았다.

그중에도 순동(順童)이의 형님은 몸이 퍽 약한 이였다. 더구나 만세 부를 때에 그는 앓던 몸이언마는 자리를 털고 나섰다가 붙들렸다. 처음에 보조원에게 잡혔을 때

"다 죽어 가는 녀석이 뭘 하러 나와 다녀? 집에 들어가 있어!"

하고 놓아준 것을 그담에 박칠성에게 붙들려 간 것이었다. 그가 볼기를 맞게 된다는 것은 박칠성의 외숙 영감이 볼기를 맞을 때보다도 더욱 동리의 노인네와 여인네들을 깜짝 놀라게 하였다—저 사람은 죽는 사람이라고.

그 아버지 최치행(崔穉行) 영감이 분건대 상등병에게 등장을 들었다. 등장이라야 용서를 청하는 것은 아니었다. 병든 자식 대신에 아버지가 볼기를 맞겠다는 것이었다. 처음에는 말 한마디 못 붙여 보고 쫓겨 나오고 이

틀날은 거우 보조원의 통역으로 상등병 귀에까지 이 원성이 들어갔으나

"무슨 말이야 나쁜 자식이가!"

하는 호령이 떨어졌을 뿐이었다. 다시 또 빌어 보려다가 보조원에게 뺨만 얻어맞고 등을 밀려 쫓겨 나왔다.

그러나 그는 단념하지 않았다. 사흘째도, 나흘째도 헌병 분견대 사무실 충계 아래서 수없이 빌었다.

"아버지 괜찮아요. 그만 내려가서요."

아들은 유치장 속에서 아버지를 달랬다. 그러나 그는 단념하지 않았다.

"저 자식이 죽습니다. 분명 장하(杖下)에 물고가 납니다. 자식의 구십 도 대신에 아비를 곱절 백팔십 도 쳐 주시면 그 은혜 백골난망이올시다."

유치장 속에서는 다시 아들의 울음 섞인 소리가 새어 나왔다.

"글쎄 노인네가 무슨 수로 맞는다고 그러서요. 어서 내려가서요."

그러나 그는 단념하지 않았다. 마침내 상등병의 마음을 흔들어서 새로운 판결이 내렸다.

'부자가 서로 맞겠다니 절반씩 나누어 맞으라'고.

영감은 기뻤다. 어서 내가 먼저 맞겠다고 허리춤을 풀면서 보조원에게 매달려 졸랐다.

"이렇게 볼기 못 맞아 애쓰는 늙은이라군 처음 보네. 낼 아침에 와!"

이튿날 아침 영감은 헌병대에 나타났다. 그래서 첫날치 삼십 도를 맞고 따라갔던 동리 사람에게 업혀 나왔다. 나는 그 얼굴을 보았다. 억지로 아픔을 참는 모양인데 그저 잃는 듯이 응, 응 하는 소리가 다문 입에서 새어 나왔다.

그 이튿날 나는 업혀서 헌병대로 올라가는 영감의 뒤를 따라가 보았다.

"오늘은 열다섯 대만 맞으면 되는 거다."

라고 뒷마당으로 업혀 들어가는 영감을 볼기 칠 보조원이 따라가며 말했다.

"아니오, 오늘치도 다 내가 맞입시다."

영감은 업혔던 이의 등에서 내려 볼기채 위에 엎드렸다. 검붉게 군데군데 부풀은 볼기짝을 까고.

"자아, 시작—"

"엇!" 철썩,

"엇!" 철썩,

으, 응, 우후, 우후 하는 소리가 영감의 입에서 흘러나왔다.

볼기치기는 중도에 멈춰졌다. 상등병의 판결대로 구십 도의 절반 사십오 도가 끝난 것이다.

"아니, 아니, 마저 맞입시다, 자식을 치면 죽소, 내가 맞입시다."

죽은 듯 늘어졌던 영감이 기운을 돋우는 듯 말에 힘을 주며 말했다. 볼기채에서 일어날 생각은커녕 끌어내려도 붙잡고 늘어질 형세다.

"어쩌나?"

"그까짓 거 슬슬 마자 치고 말세."

볼기치기는 다시 시작되었다. 그래서 오늘치의 삼십 도가 또 끝이 나서 그를 끌어내렸다. 보조원들도 사람은 사람인 듯하여 나중에는 정말 슬슬 치는 시늉만 하는 듯했는데도 그러나 오십 줄을 넘은 노인으로서는 못 견딜 매였다. 그는 볼기채에서 끌어내리는 줄도 몰랐고 업혀 나올 때 유치장 속에서 아들이 목을 놓고 우는 소리도 못 들었다. 기절한 것이다. 그날 밤 꿈에 나는 영감의 목이 축 늘어져 가지고 업혀 돌아가던 모양을 다시 보았다.

"글쎄 저 영감이 오늘치도 당신이 맞는다고 지금 업혀 올라갔소, 저러다 가는 자식은커녕 영감이 죽을 께요."

옆집 지덕이네 아주머니가 아침 일찍 우리집 마당에 들어서서 떠드는 바람에 나는 잠을 깼다. 소원대로 이날, 사흘째의 볼기도 영감이 맞고 이리하여 벌(罰)의 결산(決算)과 함께 아들도 놓여서 업혀 나가는 아버지의 뒤를 울며 따랐다.

"에구, 자식이 무엔고!"

자식 일로 밤낮 속이 썩는 지덕이네 아주머니는 사흘째 자기 술국집 앞을 지나가는 이 광경에 마침내 손뼉을 치며 수다스럽게 울었다.

"아버지, 나 때문에 이 매를 맞으시고…."

순동이네 집에서는 자리에 엎드려 맥을 놓고 눈을 감은 아버지의 머리맡에서 병약한 아들이 울었다. 그러나 영감은 만족한 모양이었다. 며칠 뒤 기운만은 회복이 되었을 때 그는 문병하는 사람들에게,

"허, 나야 내 자식을 위해 매나 좀 맞은 게 무에 장허오니까. 예수는 온 세상을 위하여 십자가에 못을 박혀 보혈(寶血)을 흘리셨소. 예수를 믿으시오."
라고 말하고 이런 때야말로 더욱 전도(傳道)하기 좋은 기회로 생각하는 듯하였다. 그는 예수교회 전도사였다.

우리 아버지는 언제 볼기를 맞나?

오늘이나 내일이나 한편 기다리며 한편 걱정하는 중에 볼기 치는 일이 한솟* 끝나고 나머지 이십여 명, 죄가 중하다는 이십여 명은 해주감옥으로 넘어가게 되었다. 아버지는 그 축에 끼었다. 우선 그 끔찍한 볼기 맞는 벌

---

* **한솟** 대강(大綱)의 평안도 방언

을 면하셨다는 것이 한편 안심도 되었지만 죄가 더 중해서 넘어가는 감옥소라니 필경 그보다 더 중한 벌을 겪어야 할 것이라는 걱정을 나도 어머니처럼 걱정하였다.

"내일 새벽에 연안으로 넘어간다."

하는 소문이 온 동리에 퍼졌다. 그날 밤 늦도록 등잔불 밑에서 아버지의 두툼한 버선을 깁는 어머니가 한숨 쉬는 소리를 나는 들었다.

어찌어찌 잠이 들었다가 인기척에 깨었다. 아직 채 밝기 전이었다. 어머니는 지난밤에 기운 아버지의 버선을 들고 나가시려 하였다. 나는 어머니가 어디 가시는 것인 줄을 묻지 않고도 알 수 있었다.

"어머니 나두 가."

"어디를, 내 가서 아버지 떠나시는 거 보구 곧장 올 테야. 그냥 누웠거라."

"싫여, 나두 가."

나는 어머니를 놓칠까 봐 허둥지둥 따라나섰다. 헌병대 문 앞 홰나무 밑에는 벌써 여러 가족이 와서 기다리고 있었다. 대문 안마당을 지나서 헌병대 사무실 안에서는 보조원들이 왔다갔다하는 모양이 램프 불빛으로 보였다.

얼마를 기다려서 포승줄에 얽힌 일행이 상등병과 보조원에게 끌려 나왔다.

아버지도 있고 우리 학교 송 선생님, 이 선생님도 그 속에 있었다.

헌병이 소리를 지를까 봐 바투 가지들은 못 하면서도 저마다 바투 가 보고 싶은 마음은 다 같았다.

"저리들 가! 말하면 안 돼!"

소리를 꽥꽥 지르면서 지레 기승을 떠는 보조원이 무슨 사나운 짐승같이 보여서

'호개(호랑이의 함경도 사투리) 같은 놈.'

이라고 나는 생각했다. 밤새도록 기운 버선을 아버지에게 드리지 못하고 그대로 든 채 어머니는 내 손을 끌고 집으로 돌아올 수밖에 없었다.

"아버지는 언제 올지 모른다."

고 대문을 들어서면서 어머니는 말씀하셨다.

집에는 아버지가 없고 학교에는 선생님이 없었다. 학교에 가나 집에 있으나 자꾸 적막하기만 하였다. 그렇다고 그전처럼 헌병이나 보조원이 그저 무섭기만 하지는 않았다. 미운 생각이 더 많았다. 그 미운 생각이 마음에 가득하여 학교에 새로 온 선생이란,

'여북하여 만세도 못 부르고 잡혀가지도 못했으랴.'

싶어 선생 대접을 하기가 싫었다. 더구나 교장으로 있는 임 목사(林牧師)가 이 고을에서 만세 부를 때에 뿌리라고 서울서 보내온 독립선언서를 혼자 겁이 나서 제 맘대로 불태워 버렸다는 사실을 안 뒤에는,

'저게 명색이 목사야? 교장이구?'

하는 맘에 그에게 인사하기도 싫었다.

우리는 그에게 인사 아니하기로 한 반 동무끼리 약속을 하고 그것을 지켰다. 인사를 아니하고 뻔히 쳐다만 보아도 교장은 탓하지 않았다. 우리의 마음을 아는 듯도 하고 그래서 또 제 잘못을 부끄럽게 아는 듯도 하였다.

어서 독립이 되면, 송 선생님이 감옥에서 나올 테지, 그럼 그때는 송 선생님을 교장으로 모시고 저까짓 교장은 내쫓았으면 좋겠다.

이런 말들도 하였다. 그렇게도 우리에게 욕 잘하고 선생에게 고자질 잘

하던 교장의 아들 요한이도 요새는 우리한테 꿈쩍을 못했다. 그도 제 아버지가 우리에게 미움받는 줄을 아는 때문이었다.

송 선생님이 보고 싶다.

이 선생님도 보고 싶다.

어떡하면 보나.

잡혀가면 본다.

어떡하면 잡혀가나.

만세를 부르면 잡혀간다.

그럼 우리도 만세를 부르자.

마침 점심시간이었다. 열네 살 먹은 순만이, 열세 살 먹은 봉국이·이선이, 열한 살 먹은 효동이와 나는 습자 공부하려던 반지에 태극기를 그려 들고 교실을 나섰다. 그러나 학교 문밖을 나설 용기까지는 없었다. 학교 마당에서 태극기를 들고 만세를 불렀다. 대여섯 다른 아이들도 따라 불렀다. 그랬더니 교장실 창문이 열리고, 내다보던 교장이 회초리를 들고 우리에게로 오는 것이 보였다.

"야, 저 잘난 교장님이 우리를 때리러 온다."

"밖으로 나가자!"

우리는 교장에게 쫓기는 듯 학교 문밖을 나섰다. 그날이 바로 장날이었다. 나는 지난봄 우리 고을에서 만세를 부를 때에 제일 먼저 부르던 오예제와 염억룡이의 생각이 났다. 나도 그래 보고 싶었다.

"대한독립만세"

태극기를 휘두르며 학교 앞 골목을 나서서 장마당으로 들어섰다. 장 보던 사람들이 빈주먹을 흔들며 만세를 따라 불렀다.

이리하여 우리 다섯 명 어린 애국자들이 독립만세를 부르며 장마당을 한 바퀴 휘돌아서 학교에 들어왔을 때에 미처 가쁜 숨을 돌리기도 전에 보조원이 따라왔다.

우리는 교장실로 불려 들어갔다. 우리를 따라 온 보조원도 옆구리에 찬 칼을 가슴 앞으로 끌어다가 두 다리 틈에 끼어 잡고 교장 곁에 앉았다.

"태극기는 이리 내놓아라."

교장이 하라는 대로 우리는 그의 책상 앞에 내어 놓았다. 교장이 물었다.

"이건 누가 그렸나?"

"우리가 그렸습니다."

"만세는 왜 불렀나?"

그중 큰 순만이가 울음 섞인 목소리로 커다랗게 말했다.

"독립시켜 달라구 불렀습니다."

"너희가 만세를 부르면 독립이 되니?"

"될 줄 믿습니다."

이선이가 대답했다.

"그러면 너희 부형들이며 그전 이 학교 선생들이 이미 만세를 불렀는데 왜 독립이 아니 되었느냐?"

고 교장은 이번에는 나더러 대답하라는 듯이 내 얼굴을 보면서 물었다.

"교장님 같은 친일파 때문에 안된대요."

하는 나의 대답에 교장은 펄쩍 뛰며,

"나 같은? 그 말 뉘게서 들었니?"

"모두들 그러는 거 들었습니다."

"모두라니 누구야?"

하고 교장이 빽 소리를 지르는 것을 보조원이 말렸다.

"고만두시오. 이 애들 이름이나 대시오."

"최순만, 김봉국, 최이선, 오기영, 오효동."

교장이 일러 주는 대로 수첩에 적고 나서,

"그럼 애들을 좀 데리고 가겠쉬다."

말하고 우리들더러 나서라고 명령하였다.

교장은 잠시 주저하는 듯하였으나 곧장 온화한 얼굴로 보조원에게,

"잠깐만… 기도한 후에 데려 가시지요."

보조원의 허락을 얻은 후에 교장은 우리를 위하여 기도를 시작하였다.

교장보다도 보조원이 무서운 생각이 나서 마지못해 우리도 고개는 숙였으나 눈은 감지 아니하였다.

"하느님 아버지, 지금 이 다섯 아이가 잘못 인도함을 받아서 죄를 저질렀습니다. 그러나 주님의 은혜로 이 아이들에게 용서함을 내리시옵기 바라오며 잠시 시험에 빠진 이 아이들을 위하여 주님의 감화가 있으시기를 바라나이다. 아멘."

그러나 우리는 아멘도 아니 부르고 교장에게 인사도 아니하고 교장실을 나섰다. 보조원은 우리를 앞장세우고 자기는 뒤에서 따라왔다. 이렇게 우리들 형사책임(刑事責任)도 없는 코흘리개 다섯 명은 분견대에 끌려가서 옷고름을 뜯기우고 허리띠와 대님을 뺏긴 뒤에 유치장 속에 갇혔다.

유치장은 텅 비어 있었다. 어두컴컴하고 찬바람이 도는 마루방이었다. 우리를 이 속에 집어넣은 뒤에 육중스런 문을 쾅 소리를 내며 닫고 밖으로 빗장을 지르고 쇠를 잠근 뒤에 보조원은 창살 사이로 다시 우리를 들여다

보면서,

"요놈의 새끼들, 독립시켜 달라고 만세를 불렀다고 했지? 어디 고 주둥아리에서 무슨 말이 나오나 나중에 들어보자."

하고 물러갔다.

우리는 비로소 우리끼리만 한방에 갇힌 것을 깨달았다. 그리고 우리 앞에는 심상치 아니한 고난이 올 것을 느끼었다. 그 끔찍끔찍하던 볼기 치는 광경이 눈에 떠올랐다.

"설마 우리 같은 어린애를?"

하고 억지로 안심하여 보려 하나 또 한편으로는 그렇지 못할 것만 같았다. 비로소 우리는 마음을 가라앉히려고 기도를 올렸다.

"하느님 아버지 아까 교장께서는 우리가 잘못 인도함을 받아서 죄를 저질렀다고 하였습니다. 그러나 우리는 죄를 지은 일이 없습니다. 독립만세를 부른 것밖에 없습니다. 그건 죄가 아니라고, 우리가 다 만세를 높이 불러서 하늘에까지 사무쳐야 한다고 우리 송 선생님은 말씀하셨습니다. 우리는 지금 우리를 압제하는 왜놈 때문에 이 속에 갇히었습니다. 우리를 불쌍히 여기시어 보호하여 주시고 우리를 건져 주옵소서. 아멘."

기도를 마치고 우리는 느껴 울었다. 그때 술취한 보조원 하나가 유치장 창살 사이로 우리를 들여다보면서,

"이 새끼들이 웬 새끼들이야? 어디서 요따위 재리 같은 도둑놈을 한목 다섯 놈이나 잡아왔어? 누가 잡아왔어?"

하고 게두덜거리는 바람에 우리는 얼른 눈물을 거두었다. 그 사람들에게 우는 양을 보이는 것은 창피한 일이라고 생각한 것이다.

술취한 보조원은 여전히 게두덜거렸다.

"이 새끼들, 응, 이 새끼들이 웬 새끼들이냐 말야, 누가 잡아왔어? 무어 정(鄭) 보조원이? 요것들이 만세를 불렀어? 세상은 망했다. 아, 요런 것들까지 날뛰는 세상이야? 그까짓 걸 잡아올 건 뭐 있어, 발길로 한번씩만 질러버리면 창아리가 터져 죽을 걸, 옳지, 여기서 총으로 쏴 죽이는 것두 멋이 있겠다. 가만있거라, 총! 총이 어디 있나."

우리는 더럭 겁이 났다. 저놈이 정말 총을 가지고 와서 들이대고 쏘면 우리는 죽는구나 싶었다. 비틀거리며 물러갔던 이 녀석이 정말 총을 가지고 왔다. 그리고 그것을 창살에 들이대고,

"요 새끼들, 모조리 죽일 테다."

옹기종기 한가운데 모여 앉았던 우리는 놀라운 소리를 지르면서 일어서서 총을 들이댄 쪽 옆에 바람벽으로 몰려가 붙어 섰다. 그리고 울음이 터져 버렸다. 보조원은 총을 가지고 우리를 겨누려 하나 겨눌 수가 없었다. 두어 번 총을 비뚜루 들여밀어 보려 하나 창살은 좁고 총은 뻣뻣한 것이니 될 수가 없었다. 그래서 입으로만 죽인다고 어르는 판에 우리의 울음소리가 커져서 상등병이 쫓아왔다.

"자네 거기서 무얼 하나?"

하고 상등병이 보조원에게 물었다.

"요놈들을, 요놈의 새끼들을 총으로 쏴서 죽이려는데 겨냥이 잘 안 돼서요."

"하하하, 고만둬, 자네 취했네. 저리 비키게."

하고는 우리를 들여다보면서,

"이놈들, 죽여도 좋지만 아직 물어볼 말이 많이 있으니께 죽이지 않는다. 이따 바로 대지 않으면 정말 죽인다."

하고 보조원을 끌고 물러갔다. 보조원의,

"하하하, 고놈들을, 그저 고놈들을 죽여도 좋을 것인데."

하는 소리가 계속해 들렸다.

그날 밤부터 우리에게는 무서운 고문(拷問)이 내렸다. 아직 어린것 들이라 고문하기에는 퍽 편리하였다. 저희들 칼 차는 넓은 혁대(革帶)를 나의 가슴에 졸라맨 뒤에 들보에 박힌 못에다 끼워 달아매었다. 몸이 공중에 대롱대롱 달리어 두 발을 허둥거리는 것을 한참 재미있게 바라다보던 보조원이 바짓가랑이를 잡아 끌어내렸다. 허리띠를 매지 못한 바지는 홀렁 벗어졌다.

"아 요런 간나위, 볼기짝 푸른 점도 아직 가시지 않고 대가리에 피도 안 마른 새끼가 그래 독립만세를 부르면 어쩔 테야."

하고 손바닥으로 볼기짝을 후려쳤다.

"만셀 부르라고 누가 시켰지?"

"시킨 이 없어요. 우리끼리 불렀어요."

"오, 참 네가 아직 맛을 못 봤구나."

하고는 물러서서 담배를 꺼내 불을 붙였다. 그러고는 아무 말이 없이, 매달린 나는 잊어버린 듯이 담배만 피웠다.

11월도 절반이 넘어가고 동지(冬至)도 지난 때였다. 집에서는 아랫목만 파고들고 학교에서는 어서 난로를 피우자고 조르던 나였다. 그런데 지금 바지는 벗기운 채 맨몸뚱이로 이렇게 들보에 매달려 있다. 무서움보다도 추워서 견딜 수가 없다. 자꾸만 이가 딱딱 마주쳐지고 아랫도리는 곱아 올랐다.

"놓아 주세요. 정말 우리끼리 불렀어요."

나의 애원에 보조원은 피뜩 나를 쳐다보더니,

"무엇이 어째? 요놈의 새끼, 네가 매를 좀 톡톡히 맞아야겠다."

하고서는 뜰아래로 내려섰다. 마당에서 아카시아 나뭇가지를 꺾는 소리가 들리고 보조원은 그것을 가지고 마루 위로 올라섰다. 휑뎅그레한 넓은 공청(空廳)에 한쪽 구석에서 밝지도 아니한 램프불이 껌벅거릴 뿐인데 나뭇가지를 마루 위에 놓고 보조원은 복장 저고리를 벗었다. 무서운 사자 같았다.

"아냐요, 정말 우리끼리 불렀어요."

나는 그 아카시아 나뭇가지로 내 언 몸을 후려갈길까 봐 겁이 나서 한번 더 애원하였다.

그러나 이 말은 그의 귀에 들어가지 않은 듯하였다. 무서운 매질이 시작되었다.

사정없이 후려갈기는 매는 언 몸을 저며 내는 것 같았다. 나는 생전 이런 아픔을 겪어 본 일이 없었다. 울음도 말라 버렸다. 너무 아프고 너무 무서워서 정신이 아뜩아뜩할 뿐 울음도 나오지 않았다. 이러다가 나는 죽지나 않을까 겁이 났다. 어떻게든지 우선 매달린 것을 내리우고 바지를 입어야만 살 것 같았다.

"내려놔 주세요. 정말 할게요."

"응, 정말허지? 그래 누가 시켰어?"

"내려놔 주세요, 정말 하겠어요."

내려놓아 주었으나 그대로 서 있을 수가 없어서 펄썩 주저앉으면서 울음이 터졌다.

"요런 간나위, 바지나 입어!"

내가 겨우 일어나 바지를 입기를 기다려서 보조원은 조용하게 다시 물었다.

"그래 누가 시키던?"

"정말이야요, 정말 우리끼리 불렀어요."

보조원은 화가 나는 듯이 소리를 버럭 지르며 뺨을 갈겼다.

"아, 요런 발칙한!"

"정말! 정말 우리끼리 불렀어요. 아무도 시킨 이는 없어요."

"에라 요 발칙한!"

그리고 그는 내 뒷덜미를 잡아서 마당으로 동댕이를 쳤다. 마루 아래 돌층계에 턱을 짓찧어 앞니가 부러지고 코피가 터졌다.

"피가, 코피가 나와요, 아이구 이를 어째."

하고 내가 두 손으로 코를 싸쥐고 우는 바람에 매는 그치고 사무실로 끌려 들어가서 찬물로 코피를 닦은 뒤에 유치장으로 들어갈 수 있었다. 유치장으로 들어가는 길에 다른 방에서 매질하는 소리와,

"바루 대라 이 새끼야!"

하는 호통소리와 봉국이의 울부짖는 소리를 들었다. 또 다른 방에서 효동이가 발을 동동 구르며,

"나는 몰라요, 시킨 이는 몰라요."

하고 우는 소리와 뺨을 찰싹찰싹 맞는 소리도 들었다.

유치장 속에는 순만이와 이선이가 엎드려서 응응하며 우는 소린지 앓는 소린지 분간 못 할 소리를 내고 있었다. 그들도 한차례씩 호되게 얻어맞고 끌려 들어온 것이었다. 얼마를 지나서 봉국이도 들어오고 효동이도 엉엉 울며 들어왔다. 그 끝에 보조원은 담요 두 장을 들여 밀면서,

"요놈의 새끼들 딴짓들 말고 자라."

하고 물러갔다.

우리는 담요 한 장을 펴고 그 위에 다섯이 엎드리고 한 장을 등에 덮었다. 서로 껴안듯 하니 추위는 좀 덜한 것 같으나 모두 매맞은 자리가 쑤시고 아파서 견디기가 어려웠다. 그중에도 나는 볼기짝을 자꾸만 무엇이 찌르는 듯하여 견딜 수가 없었다. 더듬어 보니 가시가 박혀 있었다. 아카시아 나무 가시가….

'이래야 독립이 되나?'

'우리 아버지도 선생님도 모두들 이 매를 맞았나?'

볼기 치는 광경을 보던 생각이 또다시 떠올랐다. 그러나 이제는 그것이 내가 겪은 매보다 더할 것이 없을 것 같았다.

혹독한 고문은 낮에 한번 밤에 한번씩 닷새를 계속하였다. 우리는 어떻다 말할 수 없는, 그때의 지혜로서는 도무지 판단하기 어려운 이 고난을, 그러나 막연하게나마 그저 감격하여 서로 붙안고 찬 마루 위에서 잠이 들곤 하였다. 그러나 나이가 워낙 나이요, 고문이 고문이었다. 우리는 마침내 닷새 만에 맘에 없는 자백을 하였다. 김덕원(金德源) 선생이 시켜서 만세를 불렀노라고.

우리가 김덕원 선생을 불렀다기보다도 보조원의 말을 시인한 것이었다. 우리를 잡아간 정(鄭) 보조원은 김덕원 선생에게 혐의가 있다고 나중에 알았다.

이 자백이 다섯 명의 일치한 자백으로서 상등병 앞에서 조서를 꾸미고 손도장을 누른 뒤에 비로소 우리는 닷새 만에 유치장을 나와 다른 방으로 옮기었다. 김덕원 선생을 잡아다가 가둘 필요가 있었기 때문에 유치장이 하나뿐인 이 분견대로서는 우리를 다른 방으로 옮겨 재울 수밖에 없었다.

그러나 놓아주지는 아니하였다. 김덕원 선생이 시켜서 만세를 불렀다고만 하면 놓아주마고 약속하던 정 보조원에게 호송되어 우리는 연안 헌병대로 넘어가게 되었다. 인력거 한 채에 두 명씩 타고 그중 작은 나는 보조원과 함께 탔다.

동리 사람들이 모두 길가에 나와 늘어서서 우리를 칭찬하는 눈으로 전송해 주었다. 중로(中路)에 먹으라고 삶은 밤과 엿이며 떡을 인력거 발판 위에 놓아 주는 동리 아주머니, 할머니들이 많았다. 이 여러 아주머님네, 할머님네 틈에 끼어 섰던 어머니의 모습을 나는 지금도 기억하고 있다. 어느새 나의 넷째 아이가 열한 살이 된 지금도 그때의 어머니 모습을 분명히 기억하고 있다—어린 애국자의 어머니의 얼굴은 자랑으로 빛나고 있었던 것이다.

연안 헌병대에서는 우리를 유치장에는 집어넣지 아니하였으나 네 시간 이상이나 사무실에 벌을 세우듯이 세워 두었다. 다 저녁때 가서야 김덕원 선생이 시켜서 만세를 불렀노라는 다짐만 받은 뒤에 곰보딱지요 험상궂게 생긴 헌병이 두리두리한 두 눈을 딱 부릅뜨고 따귀를 세 대씩 때려서 놓아주었다. 그동안 분견대에 갇히어서 죽을 경을 치던 것을 생각하면 뒤끝은 도리어 싱겁다고 생각되었다. 그러나 김덕원 선생은 우리에게 만세를 부르도록 시켰다는 죄로 여덟 달 징역을 살았다.

이 사건은 나의 형님을 분하게 하였다. 동생도 한 노릇을 형으로서 못한 것이 분하였던 것이다. 이것이 빌미가 되어 형님 또래가 다시 만세 부를 계획을 세우고 준비를 하다가 미리 발각이 나서 삼십여 명 소년이 붙들렸다.

비로소 나는 어머니의 애타하시는 모양을 보았다. 아버지가 붙들렸을 때에도 애써서 태연하던 어머니다. 내가 갈 때는 분명 자랑하는 빛까지 있던 어머니다. 그런데 이번에는 앉으나 서나 걱정이요 눈물이었다. 위로하러 오는 동리 아주머니들을 만날 때마다 나를 가리키며

"저것이 갈 때는 설마 어린것을 어쩌랴 싶어 걱정이 없었소. 놓여나온 뒤에 보니 전신에 피가 맺혔구려. 그러니 한 살이라도 더한 것에는 매가 더하지 않겠소."

그러고는 우시는 어머니였다.

형님 일행은 우리처럼 연안 헌병대에서 놓여나오지 못했다. 그들은 아버지들이 가신 해주감옥으로 넘어간 것이다.

이러한 아픔 속에서 어머니는 아들을 낳으셨다. 장차 또 감옥에 가야 할 운명을 걸머진 막내아들 기옥이는 이러한 집안에서 이러한 걱정과 슬픔 속에서 이 세상에 나왔다.

2. 아버지의 몰락

이듬해에 형님은 서울로 유학을 떠났다. 그 이듬해에는 나도 형님을 따라 서울에 와서 중학생이 되었다.

　내가 형님을 따라 서울에 온 가을, 2학기부터 형님의 태도는 매우 이상하였다. 불을 끄고도 늦도록 잠을 자지 못하는 눈치가 보였고 어떤 때는 기차 시간표를 가지고 무슨 계산을 하다가 내가 들어서니 집어치운 적도 있었다. 열심히 하던 공부도 집어치운 지 한참 되었고 나를 보고도 공부하라는 잔소리가 없어졌다.

　"이상한 일이다. 형은 지금 확실히 딴생각을 하고 있다."

고 나는 생각하여 그 눈치를 부지런히 살폈으나 알 길이 없었다.

　하루는 저녁때에 이남식(李南植)이 찾아왔다. 그는 부모가 블라디보스토크(海蔘威)에 있고 저만 고국에 돌아와서 고학하는 청년으로 우리는 전에 있던 하숙에서 그와 같이 지낸 일이 있었다.

　나는 그날 밤 잠결에 그와 형님이 불을 끈 채 자리에 누워서 소곤거리는 이야기를 듣고 비로소 형님의 비밀을 알았다. 나로서는 상상도 못 하였던 놀라운 계획이었다.

　형님은 중국으로 달아날 작정을 한 것이다. 압록강을 건너려면 여행권이 필요한데 그 여행권은 이남식이가 블라디보스토크로 돌아가겠다고 러시아 영사관에 청원하여 얻어 내서 그것을 형님에게 주기로 한 것이었다. 그날 이남식은 러시아 영사관에 불려가서 청원해 둔 여행권을 얻는데 필요한 수속을 마치고 한 주일쯤 지나서 찾으러 오라는 지시를 받고 온 것이었다.

나는 다시 잠이 오지 아니하였다. 놀라운 계획을 진행하고 있는 형님과 이남식이 도리어 잠이 들어 숨소리만 들릴 뿐인데 나는 잘 수가 없었다. 언젠가 기차 시간표를 꺼내 놓고 무슨 계산을 하다가 내가 들어서니까 걷어치우던 것은 여비를 계산해 보던 것인 줄도 이제야 알 수 있었다.

물론 나는 형님의 뜻을 이해한다. 또 나도 늘 형님이 말하던 대로 일본식 교육을 받는대야 결국 일본놈의 심부름꾼 되자는 공부밖에 더 될 것이 없는 것으로 알고 있다. 그러나 나는 형님이 어쩌면 이런 대담한 계획을 세웠는가가 놀라웠다. 그리고 형님이 달아나고 나면 나만 혼자 남는다는 고적함을 느껴 보는 것이다. 내 나이는 열세 살이다. 비록 고향에서 같이 온 학생들이 많으나 결국 나는 나였다.

'나 혼자 남는다.'

얼마나 외로울까를 생각해 본다. 또 형님이 달아난 뒤에 아버지가 화가 나시면 나는 공부를 계속하지 못하고 불려 내려갈지도 모른다는 걱정도 났다.

'그러면 나도 형님을 따라가지.'

하고도 생각해 본다.

'허지만 여행권이 있나! 이남식이 같은 이를 또 만날 길도 없을 것이고.'

이런 생각이 모두 나를 괴롭게 하였다.

이튿날 아침 이남식이 자기 하숙으로 돌아간 뒤에 우리 형제는 조반상을 받고 나서 나는 말을 꺼냈다.

"나 형님이 무슨 생각하는지 다 알았소."

밥숟갈을 든 채 나의 이 말에 형님은 놀라는 눈으로 물끄러미 바라보다가,

"무얼 알았단 말야?"

"엊저녁 얘기 다 들은걸."

까짜를 올리는 듯한 나의 말에 어이없어 하며 그대로 바라만 보다가 할 수 없다고 깨달았다는 듯이, 그러나 퉁명스럽게,

"그럼 집에 편지하갰구나."

이번에는 내가 형님을 바라보았다. 아우의 마음을 몰라주는 것이 한껏 억울하고 야속하였다. 형님은 수굿하고 밥만 자시면서,

'일은 다 틀렸다.'

고 생각하는 것 같았다. 나는 그것이 한껏 불평스러웠다. 들었던 숟가락을 상머리에 집어던지면서,

"누가 집에 편지한댔소?"

하고 물러앉고 말았다.

형님은 얼굴을 들고 또 한번 놀라는 모양이다가 한참 만에 다 알았다는 듯이,

"아니다. 밥 먹고 나서 얘기하자. 어서 이리 오너라."

하고 나를 달랬다. 희한스럽게 부드러운 형님의 말에 나는 도리어 억하여 밥상 앞에 나앉으면서 눈물이 돌았다.

둘이 다 말없이 조반을 끝낸 뒤에 형님은 비로소 설파하였다.

"사나이가 한번 세상에 났다가 큰맘을 먹어 봐야 하지 않겠느냐. 그런데 조선 안에서는 큰맘을 먹어야 소용이 없고 큰맘을 기를 수도 없어! 늘 하

는 말이지만 조선 안의 교육은 결국 일본놈의 심부름꾼을 만드는 것밖에 없어! 중국 넓은 천지로 가서 일본식이 아닌 교육을 받고, 거기 있는 우리 망명객들의 지도를 받고 그럭해서 나는 장차 독립운동에 몸을 바칠 생각이다. 내가 가서 먼저 길을 닦아 놓을 께니 너두 나이 좀 더 먹거던 오도록 하라구."

내 나이가 어리다고 말하는 이 형님도 실상은 열일곱 살 된 소년이다. 그는 말을 계속하여,

"가면 고생이 많을 줄도 알아. 허지만 지금 거기서 독립운동을 하는 이들이 다 고생들을 한다니까, 그런 이들하구 같이 고생해 보는 것두 좋아. 일본놈의 종노릇이나 하면서 편하게 사는 것보다는 압제 없는 천지에 가서 몸고생은 되더라도 마음은 편할 거다."
고 말하였다.

그날부터 형님은 아주 학교도 아니 가고 내 앞에서 드러내 놓고 길 떠날 준비를 하였다. 우리 형제의 밥값 한 달 치 삼십 원을 아직 내지 않아 이것이 여비의 큰 밑천이었다. 형님이 가졌던 시계를 십 원에 팔고 다른 두어 동무에게서 십 원씩 꾸고 주머니에 남았던 용돈까지 합쳐서 한뭉 칠십 원이 되었다.

고대하던 한 주일이 지나서 저녁때에 형님과 이남식이와 나와 셋이 청요릿집에서 송별연을 열었다. 잡채, 덴뿌라, 탕수육을 시키고 배갈 반 근을 청해서 술은 형님과 이남식이 먹었다.

"성공하게."

이남식이 형님을 격려하였다. 사실 모든 계획은 순순히 뜻대로 되었다. 여행권도 생각했던 것보다는 쉽사리 나왔고 그 여행권에 붙은 이남식의

사진을 떼어 내고 형님의 사진을 갈아 붙인 뒤에 사진에 걸쳐서 찍은 도장도 그림 재주 있는 이남식이 성냥개비에 인주를 찍어서 감쪽같이 그려 놓았다. 그렇거니 하고 보아서 어째 도장을 그려 낸 자리가 서툴러 보이나 무심히 보는 눈에는 이상하게 보여지지 않을 것 같았다. 더구나 여행권 소유자가 겨우 열여덟 살(이남식의 나이대로) 된 소년이므로 위조에 대한 의심도 적으리라는 기대를 가질 수도 있었다.

그날 밤 형님은 경성역을 떠났다. 나는 형님을 위하여 경성역에서 사이다 두 병을 사서 차 안에서 자시라고 선사하였다.

"봉천 가서 편지할께, 그 편지 받구서 집에 알려라."

"북경 가서도 곧 편지하우."

"그래."

이남식이와 형님이 아무 말 없이 굳은 악수를 나누는 것을 보면서 나는 자꾸 눈물이 나오려고 하였다. 나흘 뒤에 봉천서 부친 형님의 편지를 받았다.

'무사히 봉천에 도착하였다. 곧 북경으로 향할 예정이다. 앞길은 여러 가지 어려움과 고생이 있을 줄 아나 그것은 이미 각오한 바이다. 집에 편지하여라.'

나는 비로소 집에 이 사실을 알렸다. 아버지의 책망이 두려워서 모든 것을 모르는 체하고 다만 형님이 나가서 나흘째 소식이 없더니 봉천에서 편지가 왔다고만 하였다. 아버지는

"그 녀석이 몰랐을 리가 있나. 다 짜고 한 일일 테지."

하시었으나 내게나 형님에게나 꾸중은 아니하셨다. 도리어 북경에 도착한 뒤에 올린 형님의 편지를 받으시고는,

"허 그놈 제법이다."

고 하시었다. 동리에 이 소문이 퍼진 뒤에 바람이 나서 아들이 도망갔다는 말을 듣고 걱정하는 이가 있으면,

"내 자식이 바람 필 자식야?"

하고 화를 내시지만

"어린것인 줄 알았더니 거참 엉뚱하외다."

라고 칭찬하는 소리에는 만족함을 표하시었다.

어머니가 애가 씌워서 걱정을 하시면

"거참 종작없는 걱정도 많소. 서울이나 북경이나 내 눈 앞에 없기는 마찬가지 아닌가. 기차 타고 가는 시간이 좀 길다 뿐이지. 속 터진 자식을 낳스믄 걱정도 안 해야 옳다오."

하고 태평이시었다.

그러나 아버지에게는 남 모르는 은근한 걱정이 있었다. 몇 해째 계속되는 영업의 실패는 자수(自手)로 모았던 땅마지기가 야금야금 줄어 가고 장사를 계속하기도 어려워진 편이었다. 대세를 만회시켜 보려고 아무리 노력하였으나 되지 아니하였다. 신용이 있다 할 제도 자꾸 신용이 커 가기는 어렵던 데 비해서 신용이 없다 할 제 무너지기는 아주 쉬웠다. 거래하는 이들의 경계(警戒)가 차츰 심해 갈수록 노력에 비하여 영업은 뜻대로 되지 아니하였다. 그래도 어떻게 하여서든지 북경 있는 맏아들과 서울 있는 둘째 아들의 학비는 대시던 것이 이듬해부터는 이것조차 댈 수 없이 되었다. 그리하여 학비가 끊어진 지 2년 만에 고생에 지치고 지친 몸을 이끌고 형님이 집에 돌아왔을 때는 집안 신세는 아주 기울어져 버린 뒤였다.

'집에 돌아와서 보니 상상하던 것보다도 집안 형편이 참담한 데 놀라고 낙망하였다. 무엇보다도 아버지의 비관(悲觀)이 내 마음을 아프게 하였다.

어떻게 하여서든지 아버지의 기운을 돋우고 집안을 바로잡기 위하여 우리는 새로운 노력이 필요하다고 생각하였다.'
고 형님은 내게 편지를 보내왔다.

그리고 형님은 아버지에게 권하여 장삿길에서 돌아서서 과수원을 경영하기로 하였다. 돌아서지 않으려야 않을 수도 없을 만큼 파산지경에 빠진 것이었다.

봄방학에 내가 내려갔을 때는 염 진사(廉進士)네 밤나무 동산 삼천 평을 사서 이것을 모두 찍어 내고 떼를 벗기는 중이었다. 아버지와 형님은 제법 농사꾼처럼 두 손이 모두 거칠어져 보였다. 권연(卷煙)만 피던 아버지가 허리춤에서 곰방대를 꺼내서 잎담배를 피시는 것도 어느새 서툴러 보이지 않는 듯하고 벗겨 낸 뗏장을 지게에 져서 나르는 형님도 해외 풍상을 겪어 온 모습을 찾을 길이 없었다. 이러한 모든 인상이 나를 슬프게 하였다. 이 고을에서 그중 큰 상점을 가지고 그중 큰 밑천을 가지고 그중 크게 장사를 하여 시재궤(時在櫃)를 닫아 놓으면 이 고을의 돈이 귀해지고 시재궤를 열어 놓으면 이 고을의 돈 돌아가는 품이 나아진다고까지 하던 아버지였다. 그가 이제 그 큰 가게에 버티고 앉았던 '주인장'의 위엄이 모두 어디로 가고 그를 모시고 다니던 인력거꾼 갑성(甲成)이보다도, 다른 어느 농사꾼보다도 더 궁기가 있는 듯한 모습으로 서툴게 괭이질을 하고 있다.

남다른 생각을 가슴에 품고 조선땅이 좁다고 해외로 뛰쳐나갔던 형님도 오늘날 이 산골짜기의 뗏장이나 걸머져 나르는 신세가 되어 버렸다. 동리 사람마다 비웃는 것 같고 깔보는 것 같고 우리 가족은 어쩐지 모두 남만 못해 보이는 것만 같아서 견딜 수가 없었다.

이러한 슬픔은 어머니가 더 하시었다. 당신의 남편은 이 고을에서 그중 큰 장사를 하는 이요, 모든 사람에게 공대를 받는 이였다. 아들이 바람이 나서 여학생을 달고 청국으로 달아났다는 여편네들의 뒷공론에 속이 썩은 적이 없지 않았으나, 그러나 남편의 말을 믿어서 맏아들은 누구네 아들보다 잘나고 마음 크고 장차 큰 인물이 될 재목으로 알았다. 그렇던 것이 이제 하잘것 없는, 누구 하나 돌봐 주는 이 없는 신세로 부대(火田의 북한어)나 파먹으려고 뗏장을 벗기는 처지에 빠진 남편과 아들을 위하여 밥 대신 감자를 삶을 때마다 어머니는 울었다. 그래서 하루는 내가,

"나두 지게나 한번 져 볼까?"

하고 나서는 것을 어머니는 질색을 하시었다. 그래도 듣지 않고 지게를 걸머지고 나설 때에 어머니는 눈물을 흘리셨다.

지게가 등에 붙지를 아니하여 휫둥거리고 실었던 뗏장이 떨어지는 것을 보고 형님은,

"지게 지는 것두 거저 되는 게 아냐. 나두 한 달이나 걸려서 배웠다."

고 하였다.

어머니는 나한테 어서 서울로 올라가라고 성화를 대시었다. 밭에 매달려서 지게 지는 것이 보기 싫어서 하시는 말씀이었다.

"이왕 내려온 애를 왜 자꾸 올라가라고 야단이오."

하고 아버지가 탓하시면,

"모두 다 보기 싫어 그러오."

하고 어서 올라가라고 재촉이시었다.

그러나 내 생각은 어머니와 반대쪽으로 기울어져 버렸다. 이렇게 고생하는 아버지의 살을 깎다시피 하여 보내 주시는 것과 이리저리 도움을 받아야 하는 학비를 가지고 억지로 졸업 증서를 받는대야 그것이 무엇인가,

형님도 모든 생각을 버리고 지금 집안을 바로잡아 보겠다고 저 고생이 아닌가. 이것을 다 모르는 체하고 나만 혼자 편안히—실상은 편안한 것도 아니나— 공부합네 하고 떠나가야 옳은가. 그까짓 학교 공부가 명색이 무엇인가. 공부는 학교 칠판 밑에서 하는 것이 보통이지마는 결단코 꼭 그러하지 않고는 안 될 이유는 어디 있나. 세계는 대학이라고 하지 않나. 지금 뜻있는 이들이 모두 웨치기를 농촌으로 돌아가라. 돌아가라 하지 않나. 내가 지금 서울에 가서 그 잘난 공부를 하노라고 하느니보다는 뗏장 하나라도 벗겨 내서 한두 평의 밭이라도 일구는 것이 정말 조선을 위하는 것이 아닐 것인가. 밤마다 몸은 피곤하나 정신은 말짱하여 이런 생각을 하고 있었다.

드디어 개학날이 되어도 내가 집 떠날 생각을 아니하매 어머니는 더욱 성화를 하시었다. 그러나 나는 마침내 내 생각하는 바를 형님에게 말하고 아버지에게 말한 뒤에 나도 부대 파는 일꾼의 한 사람으로 나서 버렸다.

어머니는 몹시 우시었으나 아버지는,

"아무래도 더 못 할 공부면야 한 해나 더 하면 무얼하랴."

고 하시었다.

우리 삼부자는 매일같이 밭에 매달렸다. 밭이래야 뗏장을 벗겨서 엎어 버린 것이지마는 그래도 손이 자라는 데까지는 뗏장을 아주 치워 버리고 감자를 심었다.

나는 농사일이 얼마나 힘든 것인 줄을 비로소 알았다. 삼복더위에 땅에서 뜨거운 기운이 훅훅 올려 숫는 것을 그냥 폭양 아래에서 김을 매는 것은 수월한 일이 아니었다.

아버지는 한참 공부해야 할 두 아들이 이렇게 김이나 매는 것이 애처로워서 당신이 좀 더 매려 하시었고 우리는 또 아버지가 가엾어서 우리가 좀

더 매려고 들었다. 호미 자루를 놓고 담배 한 대를 피시면서,

"너희두 좀 쉬어라."

하시는 아버지의 말씀에나 ,

"괜찮아요."

하고 일을 계속하는 우리 형제의 대답에나 서로 눈물겨운 위로가 섞여 있었다. 그러나 경찰은 우리 형제를 이렇게 밭에서 김이나 매며 수굿하고 있도록 내버려두지 않았다. 사흘 걸러 한번 나흘 걸러 한번씩 번차례로 불러다가 공연한 트집을 부리고 욕을 하고 따귀를 때리며 밭에 김맬 것이 많은 사정도 알아주지 아니하고 온종일 무릎을 꿇려 앉혀 두기가 예사였다.

우리에게 무슨 죄가 있을 까닭이 없었다. 죄라면 중국에 갔다 와서 필시 위험한 사상을 가졌을 것이 형님의 죄요, 소년회를 조직하여 회장 노릇을 하는 것이 나의 죄였다. 불러다가는 묻는 것도 늘 판에 박은 듯이,

"요즘 어디서 편지 안 왔나?"

"상해서 누가 왔던 일 없나?"

처음에는 엉뚱한 문초라고 생각했으나 몇 번 겪고 난 뒤에는 심심하면 불러다가 못 견디게 구노라고 하는 짓인 줄 알 따름이었다.

한번은 형제가 함께 붙들려 가서 갇힌 적이 있었다. 하룻밤은 술 취한 고등계 주임이 우리 형제를 끌어내다가 두 머리를 수없이 맞장구를 치는 바람에 머리가 터지고 그 피가 고등계 주임 앞자락에 튀기 때문에 그 표독한 성미를 더욱 돋우어서 개심봉(改心棒)이라고 새긴 몽둥이로 전신을 두들겨 맞고 사흘을 유치장 속에서 일어나지 못한 일도 있었다.

3. 혁명가 오기만

마침내 형님은 더 참고 견딜래야 견딜 수가 없어서 다시 해외로 나갈 결심을 하였다.

　형님의 나이 스물넷, 나는 스무 살짜리 애숭이(애송이의 북한어) 신문기자로 평양에 가 있을 때였다. 평양으로 나를 찾아온 형님과 함께 이튿날 신의주까지 가서 신문사 동료의 주선으로 무사히 압록강을 건넜다.

　안동현 청요릿집에서 우리 형제는 배갈을 마셨다. 초저녁부터 아무 말 없이 잔을 주고받았다. 애초부터 말을 하자면 끝이 없었다. 그래서 어젯밤에도 피차 딴소리 몇 마디를 나누었을 뿐으로 서로 돌아누워 자 버린 것이었다. 구태여 말을 해야만 통할 일이 아니었다. 가난한 부모와 어린 동생들을 월급 사십 원짜리 내게 다 쓸어 맡기고 떠나가는 형의 심정을 나는 안다. 두 번째 맏아들을 놓쳐 버리는 어머니가 가엾다는 생각에 내 마음이 어두운 것도 다 아는 형님이다. 고국이라고, 고향이라고 찾아왔어야 가난에 싸인 집안에서 호좁쌀밥이 아니면 감자로나 끼니를 이으며 삼천 평짜리 밤나무 갓(가의 방언)의 부대(화전)를 파서 밭을 일구기에 고생밖에 한 것이 없었다. 경찰서에 붙들려 가서 무릎이나 꿇리우고 뺨이나 맞고 유치장에서 감옥소로 드나들고 그것뿐이었다.

　생각만 하재도 끝이 없이 신산한 것이었다. 형님은 이제 그 모든 괴로움에서 벗어나려는 길이다. 앞길이 결단코 순탄치는 아니하나 경찰에게서 받는 아니꼬운 괴로움, 집안에서 겪어 온 정에 견디기 어려운 괴로움에서는 벗어나는 것이다.

7년 전 생각이 났다. 그때 청요릿집에서 형님과 나와 이남식이와 저녁을 사먹던 생각이 났다. 그때의 열일곱 살짜리 소년과 열세 살짜리 아우가 지금 이렇게 다시 청요릿집에서 배갈을 마시며 작별할 시간을 기다리는 것이다.

"참! 이남식이는 그 뒤에 어찌되었소?"

"그때 얼마 아니 있다가 블라디보스토크로 갔지. 마침 하숙집에 불이 났드래. 그래서 그 통에 여행권을 태웠다고 다시 청원을 들여 얻어 가지고 가노라고 하얼빈에서 내게 편지를 했더군."

"그 뒤에는 도무지 못 만났소?"

"못 만났어. 인편에 소식은 들은 일이 있지."

"자아, 우리 이남식의 건강을 위하여 술을 듭시다."

"여기서 우리 술 먹는 것이 블라디보스토크에 있는 이남식의 건강에 무슨 상관이 있나!"

웃으면서도 형님은 그를 위하여 잔을 들었다.

그러고는 또 서로 할 말이 없었다. 말없이 잔만 왔다갔다하였다.

"그만 일어나서 슬슬 걸으면 차 시간이 될 거야."

하고 형님이 먼저 자리를 털고 일어섰다.

안동현역에서 옆구리에는 권총을 차고 어깨에는 장총을 멘 일본 헌병의 앞을 지나서 형님은 봉천행 기차에 오르고 나는 부산행 기차에 올랐다.

'형님의 앞길은 어떻게 열릴 건가.'

차에 올라 자리를 잡고 앉아 눈을 감고서 나는 생각해 보았다.

혹 평양을 갔나, 서울을 갔나 궁금하였던 맏아들이 또다시 집을 뛰어나간 것인 줄 확실히 아신 때에 어머니는,

"아무래도 집 안에 처박혀 있을 녀석은 아니다."

하고 단념도 하여 보셨고,

"풀밭에 머리를 처박고 사느니, 저 갈 데로 가는 게 좋지."

하고 밭농사에 고생하던 가엾음을 생각도 하여 보셨다. 또

"밤낮 붙들려 댕기느니 제 맘대로 돌아댕기는 게 좋지."

하고 차라리 다행한 체도 하여 보셨다.

그러나 어머니는 어머니였다. 남의 아들의 사정을 말하듯이 그렇게 쉽게 단념이 되거나 다행한 체만 하여지지는 않았다.

'돈 한푼 없이 나가서 어떻게나 지낼까.'

하는 걱정을 아니하려야 아니하는 수가 없었고 대문간에 사람이 번뜻하면 아들의 모습인 양 가슴을 설렁거리는 어머니였다.

그가 신다가 두고 간 축구화를 소중히 닦아서 마루 위에 놓아두셨고 어느 때고 그가 돌아올 날을 위하여 옷을 지어 두시는 어머니였다.

그로부터 3년의 세월이 흘렀다. 형님과는 몇 번 편지가 왔다갔다하였으나 자세한 형편은 역시 인편의 연락으로 알 수 있었다. 그래서 그가 상해에서 내걸고 쓰는 이름은 윤철(尹哲)이라는 것도 알았고, 상해한인청년동맹(上海韓人靑年同盟)* 집행위원장에 윤철이 피선되었다는 것은 신문 기사

---

*　　**상해한인청년동맹(上海韓人靑年同盟)** 중국본부한인청년동맹 상해 지부와 재중국한인청년동맹이 합병하여 1930년 2월 15일 발족한 단체. 상해한인청년동맹의 수립을 주도한 단체는 구연흠, 조봉

를 통하여 알고 있었다.

그런데 하루는 뜻밖의 장소에서 형님을 만났다.

손님을 배웅하고 평양역을 나섰을 때 내 앞에 히죽이 웃으며 나타난 거지―. 내가 어떻게 놀랐던지 금세 얼굴이 하얗게 변하더라고 나중에 형님은 말하였다.

"저녁에 가마."

"서문통에서 올라가다가 학당골이란 골목이 있고, 그 골목을 들어서면 치과가 있소, 그 치과가 내 아내가 허는 거요. 거기를 좀 더 지나가서 왼편 둘째 골목으로 꼬부라지면 모퉁이 집이오. 하수구리 133번지."

형님은 듣는 둥 마는 둥 그냥 히죽히죽 웃으면서,

"안다."

"기다리리다."

그날 저녁 집에서는 이 거지와 내 아내가 시아주버니와 계수로서 초대면의 맞절을 하였다. 처음 형님이 방 안에 들어설 때 이제 걸음발 타는 우리 아들 경석이가 바라보고 놀라서 으아 소리를 치면서 제 어미에게로 달겨들 만큼 분명 거지꼴을 하고 있는 사나이와 내 아내가 맞절을 하는 이 기이한 광경을 속 모르고 보는 이가 있었다면 한껏 이상하고 또 우습기도 한 광경이었다. 허나, 우리 세 사람으로서는 어떻다 말하기 어려운 긴박한

암 등이 주축이었던 유호한국독립운동자동맹(留滬韓國獨立運動者同盟)이었다. 이 단체는 소비에트 러시아 및 중국 혁명 대중과 합작하여 일본 제국주의를 타도하는 것을 목표로 했다. 오기만, 김형선 등은 이미 1929년경부터 이 단체에 가입하여 활동하고 있었다. 유호한국독립운동자동맹과 상해한인청년동맹은 1931년 12월 3일 병합하여 상해한인반제동맹이라는 새로운 단체로 거듭났다. 그러나 1932년 조봉암 등이 체포되면서 조직은 와해되었다.

감정이 가슴을 눌렀다.

대문을 닫아걸고 형님이 손발을 씻는 새에 아내는 내 옷을 한 벌 내어놓았다가 형님께 권하였다. 형님은 자기의 거지꼴이 부끄러운 듯이 생각하지도 않는 모양이요, 그렇다고 새 옷을 내주는 것을 그렇게 고마워하는 눈치도 없었다.

술상을 차리려 아내가 부엌에 내려간 새에 옷을 갈아입고 나서 비로소 경석이를 이끌어 안으며,

"이 자식! 큰아비가 이젠 새 옷을 입었으니 좀 안아 보자."

하고는 나를 보고,

"넌 이젠 남의 아비가 되었구나. 그 덕에 나두 큰아버지가 되구."

하며 신통한 듯이 어린애를 얼렀다. 아내는 술상을 들여놓고,

"어쩌면 이런 옷을."

하는 눈치로 웃으면서 형님이 벗어 놓은 누더기를 밖으로 들고 나갔다.

3년 전 안동현 청요릿집에서 헤어진 뒤의 우리 형제는 오늘 기이하게 만난 것을 즐기면서 술을 나누었다.

상해 이야기, 남경 이야기, 광주학생사건(光州學生事件)* 이야기, 특히 만

---

* **광주학생사건(光州學生事件)** 1929년 11월 전라남도 광주에서 시작되어 1930년 3월까지 전국적으로 확대된 학생들의 항일 시위운동. 일제의 식민지 교육과 사회 현실에 대한 누적된 불만이 폭발한 사건으로서, 직접적 발단은 1929년 10월 30일 광주에서 기차 통학을 하던 광주고등보통학교 조선인 학생들과 광주중학 일본인 학생들 사이의 싸움에서 비롯되었다. 이 싸움이 도화선이 되어 광주고등보통학교 학생들은 11월 3일 광주에서 대규모 가두시위를 벌였고, 광주중학 일본인 학생들과 집단으로 충돌하여 시위에 참여한 조선인 학생 수십명이 구금되기도 했다. 학생들의 시위 소식이 전해지자 신간회는 학생들의 시위를 전면적 항일운동으로 발전시킬 것을 계획했다. 11월 12일 광주에서 대규모 학생 시위가 다시 발생했고, 이 같은 소식이 인근 지역으로 퍼지면서 학생들의 시위는 점차 전국으로 확산되어 나갔다. 일제의 자료에 의하면, 항일운동에 참여한 학교는 총 194개, 참여한

보산사건(萬寶山事件)* 이 빌미가 되어 그때 한창 평양을 뒤집어 놓은 중국인 살해 사건 이야기….

이야기는 밤 깊는 줄을 모르는 동안에 나는 새로운 놀라움을 품었다. 형님이 최근 5~6개월 이래의 조선 안 사정, 특히 평양을 중심으로 한 사정에 밝을 뿐더러 그중에도 신문기자인 나로서도 아직 다 알지 못하는 여러 가지 적색 사건 내용에 정통한 솜씨가 그는 조선에 들어와서 평양을 중심으로 숨어 있은 지가 벌써 한참 되는 모양이었다. 이건 나중에 알았지마는, 그는 아무 때나 필요 있으면 찾기 위하여 이미 내 집을 조사하여 밤에 한 번 밖으로 둘러보았고 그때 우리 부처끼리 무슨 일론가 다투는 소리까지 엿듣고 간 일이 있었고, 또 내 생활에 무슨 변화가 있고 없는 것이며 언제 서울을 다녀올 예정이요, 또 다녀왔으며 하는 따위까지도 늘 연락하는 기관이 있어서 자세히 알고 있었던 것이다. 그러다가 우연히 평양역 앞에서 딱 마주치자 구태여 피할 것도 없어서 아는 체하였고 이왕 만난 김이니 벌써 아들까지 낳고 사는 아우의 집을 찾아오고 싶었던 것이다.

이튿날 아침 형님은 집을 떠나려 할 때에 엊저녁에 벗어 놓은 누더기를 찾았다. 내 아내가 질색을 하며 내 옷을 그대로 입으시라 하여도 그냥 그 옷을 내 달라고 고집을 썼다. 아내가 몹시 민망한 얼굴로,

"빨아 드리려구 쌀뜨물에 담갔어요."

학생은 5만4천 명에 달했다.

* **만보산사건(萬寶山事件)** 1931년 7월 중국 지린성[吉林省] 만보산 부근에서 일제의 술책으로 중국인과 한국인 사이에 벌어진 유혈사태. 일제는 7월 1일과 2일 한인과 중국인의 충돌사건을 과장·왜곡하여 대대적인 허위기사를 만들어냈다. 이 과장 보도로 인해 한·중 양국민 사이에 격렬한 반감이 생겼고, 조선에서는 한인에 의한 화교 습격 사건이 잇달아 발생했다. 일제는 한·중 공동의 적인 일본 제국주의에 대한 연대의식을 약화시키려고 했다.

할 때에,

"거, 일부러 구해 입었던 것을."

하고는 낭패하였다.

이 일이 있고서 며칠 뒤에 내가 밖에 나갔다가 집에 들어올 때 마루에 앉아 빨래에 풀을 먹이던 아내가 나를 보면서 깔깔거리고 웃었다.

"이 옷을 다시 지어 드릴까 하고 빨아 보니 어디 옷을 질 수가 있소. 당신 옷 한 벌하고 걸레 한 뭉치하고 바꿨소."

"그게 뭐 그리 우스워?"

"이를, 글쎄 이를 한 말은 잡았소. 그날로 쌀뜨물에 담았게 망정이지, 온 집안에 이가 퍼질 뻔하였소. 홀아비 삼 년에 이가 서 말이라지."

아내는 또 제물에 대글대글 웃었다.

"새망스레 웃기는 잘한다."

내 자신이 무안이나 당한 듯하여 얼굴을 붉히며 아내를 책하였더니,

"나는 모르는 줄 아오? 변장을 하시기로 왜 하필 거지옷이며, 글쎄 그 이가, 보리알 같은 이가 한 말은…."

아내는 그대로 자꾸만 허리를 못 펴고 웃어 대고 이 죄 없는 웃음은 못마땅해하던 내 얼굴에까지 옮겨왔다. 우리는 같이 웃었다.

형님은 가끔 들렀다. 역시 거지 모양을 하고ㅡ. 밤늦게 들러서 형제끼리 술잔을 나누고, 이튿날 아침 일찍 떠나갔다. 갈 때마다 돈을 좀 달라고 하여서는 삼십 원, 오십 원, 아내가 모이 놓은 돈을 털이 갔다.

두 번 세 번까지 잠자코 주머니 끈을 끄르던 아내였으나 필경은 내게 따지자고 하였다.

"여보 내가 할 말이 있소."

"무슨 말?"

"우리는 양주간이니 오해 마시오."

"말을 해 봐."

"나는 일부러 아주버님을 나삐 보랴는 건 아뇨. 허지만 혹시 아편 중독에….”

아내는 성미 빠른 내게서 노염이 터질까 봐 조심하는 눈치였으나 그래도 자기가 의심하는 것을 실토하였다.

"에라 이 바보. 그 눈을 못 봤어? 성격 파산을 하는 아편 중독자에게 그런 눈이 어디 있어, 이담에 그 눈을 한번 다시 봐요."

그러고 아편 중독자에게 있을 수 없는 예의와 이지를 그대로 지닌 것, 구태여 물어본 일은 없으나 나의 믿는 바로서는 우리가 처음 생각했던 것과 틀림이 없이 그는 지금 지하운동을 하고 있는 것이 확실하다고 내가 설명하였을 때에 아내는,

"알았소. 노여 마시오."

할 뿐 다시 더 말이 없었다.

그리고 그 후로 아내의 형님을 위한 정성은 점점 더 깊어 갔다. 수박을 즐기신다 하여 초여름 첫물에서부터 오실 때마다 수박을 사 드리고 제육을 사오는 적이면,

"아주버니나 오셨으면."

하고 제육 잘 자시는 형님을 생각하였다. 왔다가 가실 때마다 삼십 원, 오십 원, 혹 백원 씩, 나두 몰래 뒤주 속에 감추었던 돈을 아낌없이 내 드렸다. 그럴 때마다 내가 나중에,

"고맙소."

하고 말하면,

"나 좋아 드리는 것이지. 당신한테 고맙단 소리 듣것대우?"

하였다.

한번은 내가 형님과 술을 먹다가 처음 아내가 형님을 의심하였던 것이 생각나서,

"형님 우리 댁 아씨가 형님을 아편쟁이 아니냐고 물었다우."

하였더니, 아내는 금방 무안을 타서 얼굴이 샛빨개지면서,

"내가 언제 그랬소."

하는 것을 형님이 껄껄 웃고

"허기는 아편쟁이처럼 아주머니 돈을 자꾸 가져갔거던!"

"아냐요 거짓말이랍니다."

하면서 어쩔 줄을 몰라 해서 형제가 같이 웃었다.

어머니와 아버지는 한 달 걸러 한번씩 번차례로 평양에 오셔서 형님과 만났다. 처음 어머니가 오셔서 며칠을 기다려서, 이런 줄도 모르고 찾아왔던 형님과 만나 절을 받으실 때, 그 옷 모양을 보시고는 말로는 들으셔서 짐작은 하셨던 일이지마는 정작 그 거지꼴을 보시고는 어머니는 우시었다. 그것이 경찰의 눈을 피하려는 수단으로 일부러 변복한 것인 줄을 번연히 아시는 어머니시지마는 차마 태연하실 수는 없었다.

"밭에 과수가 컸겠죠?"

"컸다."

"그리루 아주 이사하셨다죠?"

"그랬다."

"그 밭에는 내 땀두 좀 떨어졌습니다."

"그 말 다 해 뭘 하냐. 너의 아버진 이젠 아주 농사꾼 영감이 됐다."

"어머니 가시거던 내달쯤 아버지 한번 오시라고 하시우."

"그래라. 가서 말씀만 하면 그 겁겁한 성미에 당장 오신다구 헐꺼다."

"내가 일간 어디 좀 가요. 한 달쯤 지나야 다시 올 께니깐 그때 오시두룩 하시우."

이리하여 우리집 식구들은 남에게 말하지 못할 비밀을 가지고 살게 되었다. 고향의 장거리 한복판에 번뜻하던 큰 기와집 가게채며 안채며 모두 남의 손에 넘어가고 향교골 과수원에 외로운 초막을 짓고 살아가시는 어머니와 아버지는 한때도 마음놓일 때가 없었다. 꿈자리만 사나워도 혹시 아들이 붙들린 것이나 아닌가 하여 조반 맛을 잃으시고 저녁에 까마귀 울음만 들으셔도 아들의 운명에 관련이 있는가 싶어 마음을 졸이시었다.

그런 중에도 깜짝 놀라도록 질색할 것은 이따금 이 산꼴짜기에도 순사가 오는 것이었다. 그 녀석들은 호구 조사를 오는 것이지마는 그 절그럭거리는 칼자루 소리만 들어도 가슴이 내려앉고 몸을 떠시는 어머니였다.

"남들은 이러지 않고도 잘들 사는데…."

어머니는 그럴 때마다 이런 탄식을 하시었다. 아들의 하는 일이 나쁜 일이 아닌 줄 아시는 어머니요, 또 아들의 마음을 꺾을 수 없는 줄 알아서 아예 뜻을 돌리려고는 생각도 아니하시는 어머니였지마는, 그러하니까 이런 걱정없이 잘들 살아가는 남을 부러워하셨다.

어머니의 걱정은 그뿐이 아니었다.

"너는 이왕 내논 몸이니 또 모른다마는, 처자식 거느린 재까지 걸리면 어쩌라고 자꾸 이 집엘 오는 거냐."

고 번연히 이 아들을 만나고 싶으셔서 한 달이 멀다고 조바심을 하다가 평양을 오시는 어머니면서, 막상 만나시고 나면 이번에는 또 내가 걱정이 되어서 형님을 탓하시곤 하였다.

"형제간에 만나 보는 것두 무슨 죄가 되나요? 괜찮아요."

하는 나의 태평스런 대답을 들으시면 좀 안심이 되시는 것 같고 그래서 또 어머니는 같은 대답을 들어서 안심을 구하는 마음으로도 우리에게 번번이 이 걱정을 하시었다.

그러나 어머니의 이 걱정만은 부질없는 걱정이 아니었다. 그 뒤에야 안 일이지마는 경찰은 벌써 형님을 찾는지가 오랬던 것이다.

그럴밖에 없었다. 요 몇 달째 평양을 중심으로 평남 일대에서는 여러 가지 사건이 일어났다.

평양에서 면옥 노동자(麵屋勞動者)들이 파업을 일으킨 끝에 폭동이 일어났고, 진남포에서는 부두 노동자의 파업이 일어났고, 상공학교(商工學校)에서는 적색 독서회가 적발되었다. 강서(江西)에서는 농민층의 비밀결사가 드러나서 일찍 우리 고향에 와서 소학교 교원으로 형님과 친히 사귀었던 차명철(車銘澈)이 지도 분자로 붙들렸다. 그뿐 아니라 여기저기서 반제국주의와 약소민족 해방 투쟁의 격문이 꼬리를 물고 돌았다.

평양 면옥 노동자의 파업 끝에 폭동이 일어났을 때는 형님이 마침 집에 와서 묵던 때였다. 아침에 밖에 나갔다가 이 소식과 이 파업을 후원하고 격려하노라고 뿌린 격문을 얻어 가지고 내가 집에 들어가 보였을 때, 형님은

"응 그런 일이 있어?"

할 뿐, 별 흥미도 없는 듯 벌떡 누워서 천장만 쳐다보았다.

이 사건과 형님이 관련되어 있지나 않은가 하는 생각을 품은 나의 눈초리가 형님의 얼굴을 똑바로 바라볼 때에 형님은 내 생각을 짐작하는 듯하

였다. 그러나 여전히 태평한 얼굴로

"그래 어떤 국숫집을 때려 부쉈나."

"평소에 주인이 못된 놈이라고 소문났던 집은 모조리 부쉈습디다."

"붙들려 가기는⋯."

"한 30명 붙들려갔나 봅디다."

그뿐이었다. 형님은 지나가는 한 소문을 듣는다는 태도 이상의 별 흥미가 없는 체하였다. 나도 구태여 더 캐어묻지 않았다. 또 나로서는 나타난 사실 이상을 알 필요도 없었고 그런 것을 알려고 하지도 않았다. 이다음 만일의 경우 형님을 잡기 위하여 내가 잡혀가는 일이 있더라도 모르는 일이야 아무런 고문을 당한댔자 내 불 수 없을 것이므로 나는 형님의 비밀을 알려고 하지 않은 것이다.

이렇게 꼬리를 물고 일어나는 여러 가지 사건의 배후에서 지도하는 인물을 찾아내려고 평남 경찰은 발칵 뒤집히다시피 하였다. 사건 하나하나를 적발하여 보면 결국 따로따로의 사건이요 도무지 아무 관련도 없는 듯하였다. 그러나 일본 경찰은 그렇게 어리석지는 않았다. 이것은 분명히 배후에 중심인물이 있어서 지도하고 있는 것이요, 그래서 사건 하나를 적발하는 것은 그것이 조직의 한 부분을 깨뜨리는 것은 될지언정 전체의 일망타진이 못 되는 것을 알고 있다.

신문기자인 나는 경찰부나 경찰서에 무상출입을 하였다. 고등계 주임 같은 책임자의 옆구리에 붙어 서서 잡담을 하는 수가 많고 실상 이것은 그의 책상에 놓여 있는 서류를 훔쳐 볼 기회를 얻는 방법의 하나였다. 나는 벌써 얼마 전에 경찰부 고등과장의 회전의자 옆에 서서 농을 주고받는 중에 그가 도장을 찍어 내려가는 서류 중에서,

'상해한인청년동맹 집행위원장 윤철(尹哲, 황해도 출신, 당년 이십칠팔 세 가량, 중국공산당원)이 상해에서 자취를 감추었다. 필시 조선에 잠입한 듯하다.'

는 상해 영사관 경찰 통보(通報)의 총독부 경무국 사본(寫本)을 본 일이 있고 이 사실을 형님에게 알려 주고 조심하라고 한 일이 있다.

한번은 가끔 나에게 술잔이나 얻어먹는 대신에 제 목이 달아나지 않을 정도에서 내가 알고 싶어하는 비밀을 말해 주어 기사 재료를 제공하는 평양 경찰서 고등계 형사에게서도, 요즘 평남 각 지방에 일어나고 있는 파업과 비밀결사 사건, 격문 사건의 배후 지도인물이 조선에 잠입한 상해한인청년동맹 집행위원장 윤철이라는 말도 들었다.

"그걸 어째 잡지 못하오?"

"윤철이 본명이 아니거든요, 출생지가 황해돈 줄은 아는데 황해도 어딘지도 모르고, 얼굴도 모르고."

"그러면서 윤철이가 지도인물인 줄은 어떻게 아시오?"

"그것만은 확실해요. 그런데 아무리 손을 써 봐야 사진 한 장 얻는 재주가 없으니…."

나는 일찍부터 사진 찍기 싫어하던 형님의 성미를 생각하며 그런 성미도 다 타고난 팔자라고 속으로 웃었다.

그 다음번 형님이 들렀을 때 이 말을 전하고,

"차츰 그물이 좁아 가오."

하였더니 그는 별로 놀라지도 않고 그저,

"흥!"

코웃음을 칠 뿐이었다.

윤철을 찾는 데가 차차 늘어 갔다. 경기도경찰부에서도 수사(搜査)의 공문이 돌고, 함남경찰부와 원산경찰서에서도 그를 찾았다. 좀 뒤에는 다시 전남경찰부와 광주경찰서에서도 윤철을 잡는 대로 돌려 달라는 공문이 돌았다. 그리고 얼마 뒤에는 드디어 경무국 보안과장의 통첩으로 '윤철은 한 지방 사건의 주모자가 아니라 각도 각 지방 사건에 관련이 되어 있고, 또 그가 지금까지 각처에서 획책하는 자취를 살피건대 그를 중심하여 다수한 공산주의자의 반제국주의 음모가 있음이 분명하다. 각도 경찰의 수사상 경쟁은 물론 좋으나 부하의 공명심을 경계하여 일 도(一道) 일 지방(一地方) 경찰의 경쟁주의를 버리고 서로 긴밀한 연락 아래 종합 수사의 실(實)을 올리도록 노력하라. 특히 지금까지의 수사 상황과 추단 사실(推斷事實)을 보고하라.'는 공문이 도는 것을 보고 나는 형님이 집에 오기를 고대, 고대하여 이런 소식을 전해 주고 정말 조심하라고 말하면 역시,

"흥!"

코대답을 할 뿐이었다. 이미, 돈이 필요하여서만 내게 들르는 것이 아니라 이런 정보를 듣기 위하여서도 오는 목적이 있건마는, 그래서 소식을 듣고 가서는 다시 자기 자취와 행동을 감추는 데 필요한 방법을 쓰기는 하면서도 막상 소식을 들을 제는 대단치도 않은 듯이 코대답을 하는 것이었다.

그러나 평남 경찰은 드디어 윤철이의 정체가 오기만(吳基萬)*이라는 단

---

* 　오기만(吳基萬, 1905-1937) 사회주의계열의 독립운동가. 오기영의 형이다. 서울 배재고등보통학교 재학 중 수차례 중국을 왕래하면서 독립운동가들과 교류했다. 1928년 4월 16일 신간회 배천지회 설립대회에서 격문을 배포하려다가 체포되어 옥고를 치렀다. 출옥 후 상해로 망명하여 1929년 1월 유일독립당상해촉성회(唯一獨立黨上海促成會)에 가입했다. 동년 겨울 홍남표(洪南杓), 김형선(金炯善) 등과 함께 유일독립당상해촉성회를 해체하고 유호한인독립운동자동맹(留滬韓人獨立運動者同盟)을 결성하여 민족운동을 전개했다. 또한 구연흠(具然欽), 조봉암(曺奉岩) 등과 사회주의운

정을 내리기에 이르렀다.

평양경찰서 고등계 차석 경부보 청수천(淸水川)은 조선말에 능하고 내게는 여보게, 저보게 곧잘 농을 거는 사람이었다. 일본 자기 고향에 갔다고 한 스무 날 보이지 않던 요자가 나를 찾아왔다. 점심을 먹자 하여 조용한 식당에서 마주앉자 그는 뚫어질 듯이 안경 너머로 나를 바라보다가 대담스럽게 이런 질문을 던졌다.

"형을 언제 만났는가?"

가슴이 선뜩하였다. 그러나 우물쭈물할 처지가 아니었다.

"형이라니?"

"오기만이 말야, 자네 형 오기만."

하면서 그는 둘째 손가락으로 식탁을 탁 쳤다.

"언제 만나다니! 내 형은 상해 가 있는 지가 벌써 3년이나 된 줄 알지 않나."

경부보는 입가에 쓴웃음을 띠우며 여전히 안경 너머로 나를 바라보았다. 속지 않는다는 표정이었다. 그러고는 툭 털어놓고 말을 시작한다.

"내가 그새 어디 갔다 온지 아나? 상해를 다녀왔네. 윤철이와 오기만이

동에 참여하여 청년반제상해한인청년동맹(靑年反帝上海韓人靑年同盟)을 결성하고 집행위원장으로 활동했다. 1931년 6월 상해에서 김단야(金丹冶)로부터 국내의 김형선과 협력하여 적색노동조합과 조선공산당을 재건할 것을 명령 받고 귀국했다. 1932년 1월 진남포에서 직색노동조합부두위원회(赤色勞動組合埠頭委員會)를 조직하고 활동했다. 1933년 상해로 가서 코민테른 원동부(遠東部)에 상황을 보고했다. 1934년 4월 일경에 체포되어 국내로 압송되었다. 같은 해 12월 경성지방법원에서 치안유지법 위반으로 징역 5년형을 선고받고 서대문형무소에서 옥고를 치르다가 중병으로 1936년 6월 출옥했다. 1937년 8월 23일 감옥에서 얻은 병으로 결국 순국했다. 2003년 대한민국 건국훈장 애국장을 받았다.

의 정체를 밝히려고!"

그러고는 주머니에서 중국 담배를 꺼내면서,

"그래 우리 고향에 이런 담배가 왜 있어, 자네도 한 개 피게."

"그래서?"

"결국 이제 와서 윤철이와 오기만이가 한 사람인 건 확실해졌어! 그가 지금 평양, 강서, 진남포 사건을 일으켰고 전남 광주, 함남 원산의 적색 결사 사건, 서울 영등포 사건에도 관계자야."

조용조용히, 입가에는 웃음조차 띠고 말하는 소리지만은 내 귀에는 벽력처럼 들리는 것이다.

수갑 찬 형의 모양, 또는 유치장 속에 쭈그리고 앉은 형의 모양이 눈앞에 얼른거렸다. 머리가 어찔어찔하다. 그러나 굳이 심상한 태도를 아니 차릴 수 없다. 나는 그가 내놓은 중국 담배를 한 개 뽑아서 불을 붙이면서,

"글쎄, 그 무슨 소린지 나는 모르겠는걸."

"실상을 말해 줄까? 그동안 형사를 시켜 자네를 미행도 여러 번 했네. 집도 지켜보고."

"이건 굉장한 얘길세그려. 나를 미행까지 했다?"

"그러나 자네 형제가 어디서 만나는지는 아직 몰라."

"대관절 윤철이와 오기만이가 어째서 한 사람인가."

"말 말아! 이 판단을 내리기까지 얼마나 수고를 했는지 아나? 황해도 출신으로 상해 방면에 간 인물은 모조리 조사했어! 자네 외가(外家)가 윤씨데 그려. 그래서 윤철인 모양이지."

"그럴듯은 허이마는 정말이면 오기만이도 굉장한 인물인걸."

"왜 이리 시침을 떼는 거야 물 좀 먹구야 실토를 하려나?"

"물을 먹여도 속에 든 게 없으면 내놓을 것도 없지."

"큰소리 고만두라고, 물을 먹여서 알아내려면 벌써 잡아갔지 그대로 뒀을까. 헌데 야단은 야단이야. 자네 형이 잡히는 날은 10년 징역은 면하기 어려워 그러니 어서 달아나라고 전하란 말일세."

"고마운 말일세…. 만나면 전하지."

"그러나 벌써 달아날 길이 다 막히고 말았어. 인젠 독 안에 든 쥐야, 그러니 차라리 자수를 허란 말이지."

"그 말도 만나면 전하지."

"코대답할 일이 아냐. 체면이 있으니 자수야 할 수 없겠지만 그 체면은 충분히 존중해 줄 테니 진정으로 의논해 보란 말이네."

음식점에서 나와서 헤어질 때 그는 다시 내 어깨를 툭 치면서,

"자네를 생각해서 한번 권하는 게니 잘 생각하게, 그냥 잡히고 나면 오늘 이 흥정은 다 무효니 그리 알게."

하였다.

그날 밤 나는 밤새도록 잠을 이루지 못하였다. 청수천에게서 얻은 지식—나를 여러 차례 미행을 하고 집을 지키고 한 것이 사실이라면 형님의 운이 또한 좋았던 것이다. 나중 모든 사실이 드러난 때에 안 일이지마는 언젠가 윤철이를 잡아야 할 텐데 잡을 수 없다고 말하던 형사 녀석도 실상은 그때부터 벌써 윤철이가 오기만이라는 판단이 서서 내 근중을 떠보느라고 일부러 비밀을 알려 주는 체 변을 울려 보았던 것이었다.

그 다음번에 형님이 왔을 때에 이미 정체가 드러난 것을 말하고 전후 얘기를 전하였더니 여전히.

"흥! 잡녀석들."

하고, 코대답이었다. 그러나 그도 이번만은 그전과 달라 입을 꽉 다물고 한참 말이 없이 앉았더니 하는 말이,

"10년 징역이란 그 작자의 위협이고, 아마 5년 징역은 살아야 할걸."

하고 스스로 판결을 내리는 것이다. 그러나 이미 정체가 드러나고 내 집이 안전한 곳이 아닌 줄 안 바에야 조심 아니할 수도 없다고 일어섰다. 아내가

"약주나 한 잔."

하고 따라 일어서매,

"그럼 얼른 한 잔 주시우."

하고 다시 앉았다. 작은 잔을 집어치우고 밥공기에 한 잔 따라서 들이키고서는 제육을 서너 점 입에 물어 씹으면서,

"이담엔 달리 연락을 해야겠다. 내 편지를 가지고 오거나, 소[牛]라고 하는 사람이 오거던 의심할 것 없고, 그 밖에는 어떤 사람이 와서 무슨 말을 하더라도 속지 말아."

하고 일어섰다.

"돈 좀 드려요?"

하는 말에 비로소 생각난 듯,

"참 어디 좀 멀리 다녀올 데가 있어서요, 한 삼 사십 원."

하여 아내가 꺼내 드리는 돈 오십 원을 받아 들고 훌쩍 나가 버렸다.

"저러다가 잡히시면 어쩌나."

형님을 내보내고 우리 양주가 대문을 닫고 들어오면서 아내는 늘 하는 걱정을 또 하였다.

이 일이 있고서 며칠 뒤에 내가 신문사 일로 해주(海州)에 출장을 갔다가

고향을 들렀을 때 순사가 찾아왔다.

재작년 내가 결혼을 하여 신행으로 고향에 갔을 때 나를 호출하여다가, 아내의 이름이 무어냐, 치과의사라니 조선에 여자 치과의사가 몇이나 되느냐, 어떻게 혼인이 되었느냐는 등 싱거운 문초에 내가 아니꼬운 생각이 나서,

"이런 용건으로 호출해 왔소?"

하고 들이댈 때에 무안은 하나 경관의 위엄을 잃지 않으려는 태도로

"용건은 또 있어. 당신 형과는 요새 무슨 연락이 없나?"

하고 묻던 그 순사였다.

싱거운 작자가 또 귀찮게 쫓아왔는가 하였더니 그는 마루에 걸터앉으면서,

"이번에 도청엘 다녀오시는 길이라죠?"

"그렇소."

"경찰부장을 만나셨소?"

"아니요."

"그럼 고등과장을 만나셨나?"

"아니요."

"그럼 누굴 만나고 오시는 길이오."

"도지사와 내무부장을 만났소."

"도지사를 전부터 아시는가요?"

"초면이오."

"경찰 관계는 내지인(일본인) 도지사도 간섭을 못 하는데 항차 선인(鮮

人)* 지사가 되나요. 경찰부장이나 고등과장을 만나실 거지."

"무얼 경찰부장을 만나야 한단 말씀이오?"

하는 말에 그는 내가 시침을 떼는 것이 우습다는 듯이,

"도청은 왜 가셨드랬소?"

"신문사 일로 갔었소."

"아니, 백씨(伯氏) 귀순 문제를 타협하러 가셨드라면서!"

"듣다 첨이오. 내 형이 무슨 죄가 있어서 귀순 문제가 있으며, 또 그런 걸 누가 교섭한다고 그럽디까?"

"글쎄 그런 내용이 있다고 들었기에 묻는 말씀이오마는, 그럼 그런 용무는 아니시었소?"

"아니요."

"언제 떠나시오?"

"내일 아침에 갈 테요."

순사가 돌아간 뒤에 어머니와 아버지는 형의 안부를 더욱 걱정하시었다. 어머니는 귀순이 무언지를 몰라서 궁금해하는 눈치시나, 아버지는 그런 걸 설명하실 생각은 없이 다만,

"망헌 녀석들, 귀순이란 다 뭐야. 그런데 참 무슨 교섭이 있기는 했냐?"

"평양서 날보구 자수하는 것이 좋다는 권고를 한 자는 있어요. 허지만 그런 말에 속을 형님입니까."

"흥! 잡을 수가 없으니께 이젠 꾀어서 잡아 보자는 게로구나."

하시는 말씀에 어머니는

---

*　　**선인(鮮人)** 일제강점기에 일본 사람이 우리나라 사람을 낮잡아 이르던 말.

"정말 맘이 졸여 못살겠다. 남보구 말두 할 수 없는 노릇이구."

하시며 한숨을 쉬시었다.

내가 평양에 돌아온 이튿날 청수천이가 찾아왔다.

"자네 해주 갔드라더니 언제 왔나?"

"어제."

"왜 갔드랬나, 형의 일 때문이지?"

"뚱딴지같은 소리 말아. 한 사날 지내면 알 테니 보라구. 황해도 지방 경제사정 조사보고가 신문에 날 테니."

"그래 정말 용건은 그것뿐야?"

"그뿐 아니구. 누가 자네처럼 허구망상(虛構妄想)을 하구 다니는 줄 아나?"

"아서, 아서. 자수를 시키려거던 나를 믿으라고, 본적지래서 황해도경찰부가 특별히 날 건 없으리."

"형을 한번 만나면 권해 보자고 벼르네마는 그것 때문에 일부러 상해까지 갈 수는 없구."

"딴소리 말아. 그러면 너부터 잡아다가 족칠 테다."

"무서워라! 없는 사실이 족쳐서 나와?"

"물 공산당도 있지 않았나!"

"하하하 허긴 그래."

평양에 소위 물 공산당 사건이란 유명한 것이었다. 혐의자 몇 사람을 잡아다가 신문 기사 게재까지 금지하고 물을 먹여서 공산당을 조직하였다는 자백을 받아서 검사국에 넘겼더니 열흘 만에 모두 불기소로 석방되고 말았다. 이것이 소위 물 공산당으로 청수천이는 이 사건의 수사 책임자였다.

내가 해주를 떠났다는 형사의 보고를 받고 이자는 내가 형님의 자수 문제를 가지고 본적지 황해도경찰부에 교섭을 가는 것으로 판단하였다. 그래서 곧장 황해도경찰부에 경비 전화를 걸어서,

"오기만의 동생이 그 형의 자수 교섭을 하려고 해주로 갔다. 그러나 오기만의 체포는 이미 시일 문제이니 염려 말고 처리하라."

는 연락을 취해 놓았던 것이다. 그 연락이 바로 내 고향 순사 나리가 내게 와서 싱거운 수작을 하고 가게 한 꼬투리였다.

그 뒤로 얼마 동안 형님은 나타나지 않고 그 대신 '소'가 두 번 찾아와서 집에서 자고 갔다.

처음 내가 소를 만나기는 형님이 내게 오지 않고서 한 달쯤 뒤였다.

아침에 신문 지국을 나가서 사무실 문을 들어서려 할 때에 문 앞에 섰던 알지 못할 촌사람이 방그레 웃으면서 서슴지 않고,

"기영이 아닌가?"

하고 경상도 사투리로 물었다.

나는 이상하여 대답 없이 그를 마주 바라보았다.

평양에서 더구나 경상도 사람이, 나를 "기영이 아닌가?"고 물을 사람이 있을 턱이 없다. 다시 보아야 알 사람이 아니다. 머리에는 흰 캡을 쓰고 두루마기도 조끼도 없는 동저고리 바람에 해진 운동화를 신었다.

"누구시오?"

하고, 내가 다시 그의 아래위를 훑어볼 때에 그는 알아맞춘 것이 유쾌한 듯이 은근하게, 빙그레 웃는 얼굴로

"그래, 기영이가 분명하다! 나는 소야."

하면서 얼떨떨한 내 손을 덥석 잡았다. 정에 겨운 듯한, 손아래 동생을

반기는 그런 태도였다. 나는 형님이 일러둔 소를 생각하였다.

"소!"

"그래, 내가 소야!"

나는 그에게 잡힌 손에 힘을 주면서도 본능적으로 좌우를 둘러보았다. 그는 나의 이러한 태도를 당연한 듯이, 그러나 그 은근하고 부드러운 웃음은 여전하였다.

"어떻게 오셨나요?

"차차 말허지, 지금 바쁜가?"

"아니, 별루."

"그럼 기영이 집으로 좀 갈까?"

"잠깐 여기서 기다리시오."

"아니라, 내 먼저 갈 께니."

"우리집을 아시오?"

"알아. 곧 오겠나?"

"곧 가지요."

사무실에 잠깐 들어섰다가 집으로 갔을 때에 소는 우리집 담 모퉁이에서 서성거리고 있었다. 함께 집에 들어가서 방에 앉은 뒤에 그는 그새 경찰 방면의 정보, 한 주일쯤 전 평양 시내에 나붙은 적색노동조합 벽신문에 대한 경찰의 수사 상황 같은 것을 묻고 나서, 형님이 원산 방면에 갔는데 와야 할 날 오지를 않아 걱정이 되어 알아보려 왔다는 것, 와서 알아본 결과 무사히 평양까지 돌아왔다가 어제저녁에 또 다른 방면으로 떠났다는 것을 말해 주었다.

그날 저녁에 내가 그를 위하여 술을 사 가지고 집에 돌아와서 같이 저녁

상을 받았을 때,

"나야 어디 술을 먹나. 그래서 술 먹는 일이 있으면 늘 기만이가 내 몫까지 다 먹지."

"그래두 한 잔이야."

하고 다시 권하는 잔에 마저 술을 따르면서,

"오늘은 기영이가 내 몫까지 먹으라구."

하였다.

볼수록 온순하고 다정한 사람이었다. 다만 그 부드러운 눈이 다시 볼 제는 쏘는 듯한, 누르는 듯한 빛이 있었다. 두 번째 그를 만났을 때 나는 그의 눈에서 불이 나는 듯함을 보았다. 조용조용히 형님과 자기와의 현재 사명에 대한 신념을 말하는 것을 들으면서 본 것이다.

"적(敵)의 세력은 우수하고 우리는 약하다. 그러나 적의 세력이 꺾일 날이 있을 것이다. 산에서 흐르는 조고만 샘물을 보면 그것이 하찮은 것 같지만 아래로 아래로 흘러내리는 동안, 다른 샘 줄기와 합쳐서 개울이 되고 강이 되고 바다가 된다. 샘 줄기 적에는 낙엽 하나를 흘려 버릴 힘이 없지마는 강이 되고 바다가 되면 기선도 군함도 띄울 수 있다. 나나 기만이나 모두 지금은 하찮은 샘 줄기다. 그러나 우리가 가는 곳은 강이 되고 필경은 바다가 될 것이다. 벌써 우리는 우리와 같은 많은 샘 줄기를 만나서 뭉치고 그래서 자꾸 커다란 개울이 되어 간다. 적이 우리를 찾아서 잡아 가두고 죽이고 하지만 그것은 마치 샘 줄기를 없애 보려는 쓸데없는 노력인 것이다. 샘을 막으면 땅속으로라도 흐르고 수증기가 되어 하늘에 올라가도 그것은 또 비가 돼서 다시 내려오는 것이다. 아무리 적이 지독하더라도, 우리에게서 모든 것을 다 빼앗아 가도 우리 마음에서 혁명 의식을 강탈할 수는 없는 것이다. 우리의 혁명 의식이 뭉칠수록 커지고 적의 세력을 깨뜨리는 힘이 커질 것이다."

이렇게 확고한 신념을 쏟아 놓을 때에 그 온순하고 부드러운 얼굴에는 홍조가 돌고 눈에서는 불이 이는 듯하였다.

그는 다시,

"우리가 오늘날까지 적과 싸우는 동안 희생이 많았다. 사실 우리의 혁명 전선은 많은 투사들의 피에 젖어 있다. 나나 기만이도 잡히는 날이 죽는 날일지도 모른다. 그러나 우리가 혁명 의식을 포기할 수 없는 한 우리의 투쟁은 죽음을 각오하고 계속되는 것이다"

라고도 하였다. 또

"나두 기만이처럼 기영이 같은 남동생도 있구, 여동생도 있는데 그 애들도 모두 혁명 전선에 참가해 있다."

고도 하였다.

"지금 동생들은 어디 계시지요?"

하고 내가 물었을 때,

"남동생은 부산감옥에, 여동생은 신의주감옥에 있어. 그래서 아마 나는 잡히면 서대문감옥에 있게 될 것만 같다니."

하면서 재미있는 공상처럼 말했다.

이튿날 그가 떠나려 할 때 여비에 쓰도록 내주는 돈을 말없이 받더니

"기만이에게 치부해 두라구."

하고 웃으면서 일어섰다.

이러고서 두어 달 후 아침 일찍 형님이 나타났다. 마당에 들어서면서 첫마디가 돈 좀 달라는 것이었다.

부엌에서 내 아내가 나와 맞으면서 방으로 들어나 가시라니까

"좀 급합니다…."

"얼마나 드려요?"

"한 이백 원."

그때 돈 이백 원은 쉬운 돈이 아니었다. 더구나 그만한 현금을 집에 둘 여유가 없는 살림인 줄 번연히 알면서 이런 엄청난 요구는 딱한 일이었다.

"삼십 원밖에 없는데…."

아내가 민망스레 대답하는 것을 마주 받아서,

"어디서 좀 꾸실 데 없으실까요?"

하면서 겨우 마루에 걸터앉는 형님을 나는 속으로

"뱃심도 어지간하다."

고 혀를 찰 수밖에 없었다.

그러나 신변이 위험하여 몇 달째 오지 않던 형님이 들어서는 길로 꾸어서라도 내라는 돈이면 사정이 절박한 줄을 짐작할 만하다. 그것이 신변의 위험에 관련되는 것인 줄을 얼핏 알 수 있는 바에야 변통을 아니하는 수도 없었다.

아내가 물 묻은 손을 닦고 친정 오라비 댁으로 간 새에 아침 신문을 펴 든 나는 사회면 꼭대기 기사의 주먹 같은 글자에 눈이 쏠렸다.

경기도경찰부에서는 어제 새벽 경인가도(京仁街道)에 무장 경관 삼백여 명을 출동시켜 철통같은 비상경계망을 치고 수사한 결과 영등포 부근에서 최근 수년래 조선 내 지하운동의 지도인물 김형선(金炯善)*을 체포하였다

---

* **김형선(金炯善**, 1904-1950) 사회주의계열의 독립운동가. 김윤식(金尹植), 최명환(崔命煥)이라는 별

고 실려 있었다.

"이 사건에 관련되는 것이 아니오?"

하는 눈찌로 내가 형님을 바라볼 때에 형님은 그렇다는 듯이 빙긋빙긋 웃으며 고개를 끄덕끄덕하고 나서,

"소가 잡혔어!"

하였다.

"소가?"

하고 나는 다시 그 주먹 같은 굵은 활자로 나타난 김형선이라는 이름을 보았다. 그리고 그 부드럽고 온순하나 그 눈에 불길이 일던 소를 생각하였다. 산골짜기 샘물이 바다가 된다는 혁명 의욕을 말하던 소를….

예감은 기묘한 것이라고 생각하였다. 한 동생은 신의주감옥에 있고 또 한 동생은 부산감옥에 있으니 자기는 필시 서대문감옥에 갈 것만 같다고 하던 그 소가 정말 서대문감옥을 가게 된 것이다.

그 소가 바로 이때에 철창 속에 들어가서 14년 후 이 땅에 해방이 와서 감옥문이 열리고야 비로소 세상에 다시 나온 김형선이었다. 8년 징역을 살고 난 뒤에 오히려 전향을 아니한 죄로 다시 예방구금(豫防拘禁)*에 걸려

칭을 갖고 있다. 1930년대 적색노동조합운동을 벌인 김형윤(金炯潤)의 형이자, 1945년 조선민주여성동맹 선전부장을 지낸 김명시(金命時)의 오빠이다. 1924년 마산공산당 결성에 참여한 뒤, 1925년 조선공산당에 입당했다. 1925년 12월 제1차 조선공산당 검거사건에 연루되어 체포되었다. 1926년 8월 제2차 조선공산당 검거사건에 연루되어 광동으로 망명했다가 1931년 조선공산당 재건운동을 위해 입국했으나, 다시 1933년 7월 영등포에서 체포되어 징역 8년을 선고받았다. 1945년 출옥하여 건국준비위원회 교통부 위원, 민주주의민족전선 중앙위원 등으로 활약했다. 한국전쟁 초기인 1950년 9월 미군의 폭격을 받아 사망한 것으로 알려져 있다.

* **예방구금(豫防拘禁)** 1941년 시행된 '조선사상범 예방구금령'에 의한 일제의 조치를 뜻한다. 예방구금령은 형기가 만료된 후에도 일정기간 석방을 하지 않고 구금하는 일제의 대표적 악법이다. 예

그대로 감옥 속에 파묻혀 있기 6년 만에 해방과 함께 옥중생활이 끝나는 지독한 운명을 출발하는 소식이 이 신문 기사였다.

부산감옥에 있다고 하던 그 남동생도 그 뒤에 징역을 치르고 세상에 나왔다가 다시 감옥에 끌려가 역시 해방과 함께 자유로운 공기를 마시었다 하거니와 신의주감옥에 있다고 하던 누이동생이 바로 모스크바 공산대학(共産大學)*을 졸업하고 중국 혁명운동에 참가하였다가 다시 조선에 들어와서 지하운동 중에 붙들리어 7년 징역을 치르는 중이던 김명시(金命時)**였다. 이 징역을 치르고 나서 다시 해외로 탈출하여 톈진(天津) 지난(濟南) 타이위안(太原) 등지에서 팔로군(八路軍)***에 가담 활동하고 연안(延安)에

방구금 대상자는 재범의 우려가 현저한 치안범죄상의 형 집행 종료자, 집행유예자, 피보호 관찰자 등이다. 주로 비전향 사상범을 대상으로 했다. 일제는 치안유지법과 조선사상범 보호관찰령의 운용을 용이하게 하며, 이른바 반국가적 사상을 섬멸한다는 목적으로 예방구금령을 제정했다.

* **모스크바 공산대학** 1921년 코민테른이 수립한 동방노력자공산대학(東方勞力者共産大學, 1921~1938)을 지칭한다. 동아시아의 공산주의운동을 지원하기 위해 설립한 교육기관이다. 러시아 모스크바에 위치했다. 아시아 공산주의운동의 지도자 양성을 위해 수립되어 한국 공산주의운동에 커다란 영향을 미쳤다. 조선공산당은 혁명가 양성을 위해 우수한 신진 인물들을 이 대학에 파견하곤 했다. 중국의 덩샤오핑, 류사오치, 베트남의 호치민, 조선의 박헌영, 조봉암, 김단야, 주세죽, 허정숙, 김용범 등 다수의 공산주의 운동가들이 이 학교 출신이다.

** **김명시(金命時, 1907-1949)** 사회주의계열의 독립운동가. 김형선(金炯善)의 동생. 1925년 고려공산청년회에서 유학생으로 선발되어 모스크바의 동방노력자공산대학에 입학했다. 1927년 공산대학을 졸업한 뒤 상해로 파견되어 중국공산주의청년당에 가입하여 상해한인지부의 조직부와 선전부 책임자가 되었다. 1932년 김형선과 함께 국내로 들어와, 서울과 인천 지역에서 『코뮤니스트』와 『태평양노조』 등의 선전물을 인쇄 배포했다. 그해 5월 일본 경찰의 지명수배를 피해 달아나던 중 신의주에서 체포되어 1939년까지 수감생활을 했다. 출소 후 중국으로 탈출하여 조선의용군 소속으로 항일무장투쟁을 전개했다. 해방 후 서울에서 민주주의민족전선 중앙위원, 조선민주여성동맹 선전부장 등으로 활약하다가 1949년 9월 체포되어 부평경찰서에서 자살했다.

*** **팔로군(八路軍)** 1937~1945년 중국의 항일전쟁 때 화북(華北) 지역에서 활약한 중국공산당의 주력부대 가운데 하나이다. 정식명칭은 '국민혁명군 제8로군'이다. 1927년 난창[南昌] 폭동에서 '홍군(紅軍)'이라고 불렀던 군대로, 1937년의 제2차 국공합작(國共合作) 이후 국민혁명군 제팔로군으로 개

이르러 조선의용군(朝鮮義勇軍)*에 참가하여 군대 생활을 계속하며 직접 전투에까지 용감하게 나서곤 하던 그래서 여장군(女將軍)의 명예를 얻은 바로 그 김명시였다.

이제는 몇 해를 두고 경찰을 놀리듯 마음대로 활동하던 형님의 전투부대도 이 김형선의 체포와 함께 무너지는 것이다. 그래서 그가 지금 우리 집에 와서 청하는 이백 원은 필시 국경을 탈출하기까지에 소용되는 여비일는지도 모른다.

내가 이런 생각에 잠겨 있을 때 말없이 담배를 피우며 앉았던 형님이,

"그만하면 오래 견딘 심이다."

하고 아무 걱정거리도 아닌 듯이, 태연히, 와야 할 운명이 당연한 순서로 전개되는 것처럼, 그러나 붙잡은 경찰보다도 잡히고 또 달아나야만 할 처지에 있는 이편이 이겼노라는 승리감에 만족해하는 태도다.

돈을 꾸러 오라비 댁에 갔던 아내는 울상을 하고 돌아오더니 이내 눈물을 짰다.

"내가 제게 돈을 꾸었다 한번도 안 물어 준 적은 없어…."

___

칭했다. 화중(華中) 지역에서 활약했던 신사군(新四軍)과 함께 항일전의 최전선을 담당한 부대였다. 1947년 인민해방군(人民解放軍)으로 다시 명칭을 바꾸었다.

* **조선의용군(朝鮮義勇軍)** 항일무장투쟁을 전개한 조선독립동맹(華北朝鮮獨立同盟)의 군사 조직. 독립동맹의 전신인 화북조선청년연합회의 무장세력 조선의용대 화북지대를 1942년 7월 개칭한 것이다. 조선의용군은 항일전쟁 전부터 중국공산당과 함께 행동한 무정(武亭)과 같은 사람들, 국민당 지구에서 민족혁명당 및 조선의용대를 조직했다가 옌안(延安)으로 들어온 김두봉 · 박효삼 등과 같은 사람들, 일본군 병사로 징병되었다가 탈주했거나 포로가 된 사람들 등으로 구성되었다. 조선의용군의 주된 임무는 중국공산당의 팔로군(八路軍)이나 신사군(新四軍)과의 협력 하에 선전 · 조직활동을 펼치거나 전투를 치르는 것이었다. 해방 후 조선의용군의 일부는 만주로 이동하고, 일부는 중국공산당에 협력하면서 국공내전에 참전했다.

"주기 싫으면 고만두지. 친정이 멀었더라면 어쩔 뻔했느냔 무슨 소리야!"

아내는 분해서 그대로 종알거리며 울었다. 돈을 못 꾸어 온 것이 분명하였다. 형님과 나는 낭패하여 어쩌면 좋으냐는 눈길을 서로 주고받았다. 그러나 사정이 사정이라 형님은 일어날 생각을 아니하고 있다. 그것은 어떻게든지 돈을 마련해 내라는 말없는 명령이기도 하였다.

그래서 내가 다시 일어서기는 하였다. 그러나 해도 뜨기 전에 그만한 큰 돈을 꾸러 나선대야 갈 곳이 없었다. 할 수 없어 작은처남을 찾아가서 실토를 하였다.

세네 번 우리집에서 형님을 본 일이 있으나 거저 내편의 가난한 친척인 줄만 여겼던 작은처남은 처음에는 퍽 놀라운 모양이었으나 군말 없이 돈을 내주었다.

집으로 오니 형님은 급하다고 그대로 마루에 걸터앉은 채 찬밥에 김치를 말아 자시고 있었다. 조반을 끝내고 내게서 돈을 받아 허리춤에 넣고 일어서면서 아내보고 이런 말을 하였다.

"아주머니, 3년 동안이나 괴롬을 끼쳤습니다. 그새 내가 가져간 돈이 아마 3천여 원은 될 겁니다. 물론 이 돈은 나 개인을 위해서 쓴 것은 아닙니다. 이담에 좋은 세상이 오거던 이 공을 갚아 드리리다."

"공은 무슨 공입니까. 갚지 않으셔두 좋아요. 좋은 세상이 오면 좋아요."

아내의 대답 소리는 감격에 떨렸다. 이 거지 모양을 한 시아주버니에게서 처음 듣는 공치사가 고맙기보다도 그동안 바친 돈 3천여 원이 거저 없어진 돈이 아니라는 말에 감격하였노라고, 나중에 아내는 내게 말하였다.

형님은 마당에 선 채 말을 계속하였다.

"허지만 우리 혁명 전선의 신의(信義)를 위하여 공은 공으로 갚아 드릴 겁니다."

하고는 마루에 앉아 있는 내 아들 경석이에게 쫓아가 머리를 쓰다듬어 주고 다시 아내의 등에 업힌 경수의 뺨을 꼬집어 보면서,

"같이 조선에 들어왔던 사람이 모두 잡혀서 이제는 나도 위험해졌기 때문에 다시 상해로 나갑니다. 내가 이렇게 무사히 활동하다가 탈출할 수 있는 것은 언제든지 여비에 궁하지 않은 때문입니다. 아주머니 덕에….'

"이거라도 더 가지고 가세요."

아내는 주머니에서 십 원짜리 석 장을 꺼냈다.

"집에 돈이 아주 없으면 되시나요 이십 원만 주시우."

이렇게 아내와 작별하고 칠성문(七星門) 밖에서 다시 나와 작별할 때에,

"네게는 아내요. 내게는 동지다."

라고 말하였다.

형님이 다시 상해로 탈출한 뒤에 어머니는 애써서 마음이 편한 체하시었다. 하루같이 조마조마하던 마음이 놓이고 무엇보다도 나까지 걸려들까 봐 걱정하시던 것을 생각하면

"아무래도 집안에서 살림할 사람이 아닐 바엔 갈 데루 가야 딴 식구나 편하다."

고 하시었다. 그러나 실상 마음은 편하시지 못하였다.

"바루 가긴 했을까?"

어머니는 가끔 이런 말씀을 하시었다. 중로(中路)에 붙들리지나 않았나, 지금쯤은 어느 감옥에 들어앉아 있는 것이나 아닌가, 나나 내 아내는 그것을 알면서 입을 봉하고 있는 것이나 아닌가, 그래서 당신만 속고 사시는

것이 아닌가 하여 우리 눈치를 살피시는 것이 분명하였다.

"무소식이 호소식이랍니다. 잘 가셨으니 소식이 없지 못 갔으면야 무슨 소식이 있을 것 아닙니까."

"중로에 탈이 나서 붙들렸으면 무슨 수로 소식을 전하냐."

"아 편지도 못해요?"

그러나 나도 미상불 궁금하였다. 형님이 평양을 떠난 지 한참 뒤, 국경을 넘어설 시기라고 생각되는 때에 공교롭게도 신의주감옥에서 중죄수 한 명의 탈옥 사건이 있었다. 그래서 국경 일대에 비상경계망이 퍼졌던 것을 알기 때문에 더욱 은근하게 걱정이 되었다. 그런데 석 달인가 지나서다.

어느 날 저녁때 내가 집으로 가는 길에 뒤에서 따라온 듯 한 농립모를 쓴 노동자 한 사람이 옆으로 바짝 대어들면서 담뱃불을 좀 붙이자고 하여 걸음을 멈추었다. 아무리 담배가 피고 싶기로서니 지나가는 사람을 붙잡는 소위가 괘씸하여 불유쾌한 낯으로 담뱃불을 내어주었을 때 그는 꽁초에 불을 붙이고 나서

"오기영 씨지요? 백씨는 무사히 상해에 도착하셨으니 안심하십시오. 그리고 박헌영(朴憲永) 동무가 붙들려와서 지금 경기도경찰부에 있는 것은 아시는지요?"

하고 내 대답을 들을 필요도 없고 더 할 말도 없다는 듯이 담배를 한 모금 빨고

"고맙습니다."

고 고개를 끄덕하고 지나가 버렸다.

내가 우연히 담뱃불을 빌려준 값으로 얻은 소식이기에는 저편 사람으로서는 너무도 계획적이었다. 나에게 형님 소식을 전하기 위하여 이런 기회

를 그가 얻기에 어떤 노력이 필요하였을까를 생각하며 휘청휘청 걸어가는 그의 뒷모습을 우두커니 바라보고 섰을 때,

"무얼 그리 보고 계시오?"

하고 등을 툭 치는 사람이 있다. 돌아다보니 윤철(尹哲)을 잡지 못해 애가 탄다고 내 근중을 떠보던 형사 그 녀석이다. 그 얼굴이 심상한 것으로 보아 그도 제집으로 저녁을 먹으러 가는 모양이었으나 나는 등에 소름이 끼치도록 놀라고 가슴이 덜렁하였다.

"왜 이리 놀라시오?"

"정신 놓고 섰는 사람의 등을 치니 놀랄밖에!"

"미안합니다. 그럼 먼저 갑니다."

그가 지나간 뒤에 가슴을 내려 쓸고 나서 나는 비로소 웃었다. 아슬아슬한 얼음장을 벗어난 듯 유쾌하기도 하고,

'너희가 잡으려던 사람이 무사히 상해에 도착한 소식을 나는 지금 들었다.'는 고소한 마음으로 그의 뒷모양을 바라볼 때 저절로 웃음이 나왔다.

더구나 내가 지금 들은 소식은 집 안에서밖에 수군거리지 못할 형님의 안부뿐이 아니다. 그 짧디짧은 단 두 마디의 소식 중에 한 마디는 실상 내일 아침 신문에 첫머리를 차지할 수 있는 커다란 뉴스였다. 발길을 돌려 다시 신문 지국으로 가서 서울 본사에 지급전화를 걸어서 이튿날 아침 신문은

'제1차 공산당 사건 중에 보석(保釋) 출옥하였다가 행방을 감추었던 박헌영*이 상해에서 체포 호송되어 경기도경찰부에서 취조 중이다. 그는 지

---

* 박헌영(朴憲永, 1900-1955) 공산주의 운동가. 1925년 4월 17일 김약수 · 김재봉 등과 함께 조선

금가지 해내 해외에서 지하운동을 계속하였으며 석달 전 경인가도(京仁街道)에 3백여 명 무장 경관이 출동하여 체포한 김형선(金炯善) 사건과 관련되어 있다.'

는 특종기사를 발표할 수 있었다.

형님이 무사히 상해에 도착하였다는 소식을 아신 뒤에도 어머니의 마음은 편치 못하시었다. 당신이 보신 바에 동생에게 가끔 오십 원, 백 원씩 돈을 가져가면서도 고생스럽던 맏아들이었다. 만리타국에서 돈 생길 구멍도 없이 그나마 피해 다니는 몸으로 무엇을 먹고 무엇을 입는가가 늘 걱정이시었다. 이 걱정은 이미 형님의 나이 열일곱 살 적부터 해 오신 걱정이지마는 이제는 형님의 나이가 더 들었다고 해서 어머니의 걱정이 줄지는 아니하였다.

"어떻게나 지내는지 모르겠다."

이런 말씀을 가끔 하실 때마다 내가,

"다 그래두 지내는 수가 있겠지요."

하면

공산당 창당대회를 열어 공산당을 조직했다. 구속과 보석 출감, 그리고 소련으로의 탈출 등을 거쳐 1929년 모스크바의 동방노력자공산대학(東方勞力者共産大學)에서 교육을 받았다. 1932년 상해에서 공산주의 운동에 전념하다가 1933년 일본경찰에 검거되어 국내로 압송되어 복역했다. 1939년 출옥하여 조선공산당 재건운동의 한 조직인 경성콤그룹의 책임자로 일하다가, 검거를 피해 광주에 있는 한 벽돌공장의 인부로 위장해 피신해 있던 중 해방을 맞이했다. 해방 직후 공산당 재건에 주력하여 장안파와 재건파를 통합하여 조선공산당 중앙기구를 구성, 당책임비서가 되었다. 1946년 5월 조선정판사 위조지폐사건을 계기로 조선공산당 간부들에 대한 체포령이 떨어지자 1946년 남한을 탈출, 입북했다. 1948년 북한 정권이 수립되자 부수상 및 외상에 취임했다. 그러나 정권의 주도권을 북조선노동당에게 넘겨주고 권력투쟁에서 패배하여 결국 미제의 스파이라는 죄목으로 1955년 사형 당했다.

"말들은 태평이다마는 무엇 때문에 사서 하는 고생인지 모르겠다."
고 하시었다.

　　둥게, 둥게, 두둥게,
　　금자둥아, 은자둥아,

　내 맏딸 경수의 재롱을 즐기시다가도 어머니의 눈은 흐려지실 때가 많
았다.
　청국을 갔거나, 러시아엘 갔거나 맏아들에게서도 손자는 못 될망정 이
런 딸이나마 하나 있었다면 하는 것이 어머니의 슬픔이었다. 그래서 손자
의 뺨을 비비시며 눈물을 내신 적이 한두 번이 아니었다.
　"할머니 울우?"
　하는 손자의 말에,
　"아니다."
　하시고는 얼른 얼굴을 돌리시지마는
　"이거 아냐? 이렇게 눈물이 나왔어. 왜 울우?"
　하면 눈물이 다시 새로워서 미처 거둘 생각도 아니하시고,
　"널랑은 에미 애비 속 썩이지 말아."
　하시곤 하였다.

4. 체포, 재판, 그리고 출옥

이렇게 1년이 지나고 다시 반년을 넘은 늦은 봄이었다.

아내의 해산(解産)을 보시기 위하여 평양에 오셨던 어머니는 마침내 졸이고 졸였던 가슴이 기어이 내려앉는 변을 당하시고 말았다.

신문은

'상해한인청년동맹 집행위원장으로 해외 조선인 공산 운동의 거두(巨頭)요, 중국공산당원인 오기만은 그동안 조선 안에 들어가 지하운동을 하다가 다시 상해로 빠져나와 잠복해 있던 중 영사관 경찰에 붙들렸다.'

는 총독부 경무국 착전(着電)을 발표한 것이다.

어머니는 처음에 소리를 내어 우시었다.

이날이 있을까 봐 이런 소식이 있을까 봐 밤으로 낮으로 졸이던 가슴에 서렸던 슬픔이 터지신 것이었다. 그러나 몸이 무거운 내 아내가 만류할 때에,

"오냐. 네 몸을 생각해서도 내가 이래서 쓰겠느냐."

고 참으시었다. 이 참으심이 얼마나 어려우셨던가, 얼마나 더 아프셨던가, 그날 저녁에 어머니는 피를 토하시었다.

내가 상해로 전보를 쳐서 형님이 평안환(平安丸)*으로 이미 상해를 떠나 조선으로 호송되어 오는 중인 것을 알고 평안환을 맞기 위하여 인천으로 떠나려 할 때에,

"그까짓 것은 가 보면 뭘하는 게냐. 아이 어미가 오늘내일하는데."

라고 말리신 어머니시지마는 막상 내가 가방을 들고 나설 때에는

"몸이나 성하게 오는지 모르겠다. 이젠 제 몸 생각이나 하라고 일러라. 허기는 언제 어미 생각을 해 본 자식은 아니다마는."

하시고 혼자 떠나는 나를 섭섭히 생각하신 어머니였다.

5월 8일은 내 둘째 딸 경숙이의 생일이자 형님이 쇠수갑을 차고 인천 부두에 내리던 날이다.

맏아들이 잡혀 오던 날 어머니는 둘째 며느리에게서 손녀딸을 받으신 것이다.

"저것을 받을 때는 정신이 없었다."

고 그 뒤에도 몇 번이나 어머니는 말씀하시었다.

5월 8일. 소금기 낀 바닷바람이 제법 세차게 불던 아침이다.

인천 부두를 서성거리는 내 가슴에는 여러 가지 감개가 파도처럼 일었다. 열한 살 적 생각, 스무 살 적 생각, 그때그때 어머니의 괴로워하시던 모양, 형의 비밀을 존중하여 나는 그가 지나간 3년, 조선 안에서 한 일이 어떤 범위이었고 어떤 성과를 거두었는지는 그저 내가 짐작하는 것 외에 더 알려 하지도 않았지마는

'아마 붙들리면 5년 징역은 살아야 할걸.'

---

* **평안환(平安丸)** 일제시기 인천, 상하이, 칭다오, 진남포 방면을 운항하던 조선우선회사의 증기선이다.

하고 스스로 판결을 내려놓고 다니던 형님은 지금 어떤 모양으로 올 것인가.

나는 이미 많은 혁명가들의 수갑 찬 모양, 용수 쓴 모양을 보아 왔다. 내 자신이 차 보기도 하였고 써 보기도 하였다. 이제 그런 모양으로 나타날 형을 기다리며 이 바닷가를 서성거리는 것이다.

바다 저쪽에 나타난 검은 점은 차츰 커지기 시작하였다.

"평안환이다."

이 바닷가에 살며 분별에 익숙한 이들이 벌써 이렇게 알아맞혀 놓고 기다리는 배는 천천히 기적을 울리면서 닻을 내렸다.

"어떤 모양으로 나타나나…."

신문기자다운 흥미만을 느끼기에는 아무래도 나는 그의 친동생이었다. 이것이 아마 자기 육친을 수술하지 못하는 외과의사의 심정일 것이다.

많은 승객이 내리고, 그들이 경관의 눈초리에 한번씩 걸렸다가는 다행히 풀려서 제각기 짐을 들고 부두를 떠날 무렵에야 형님은 갑판에 나타났다.

앞장선 한 사람과 뒤에 선 한 사람은 묻지 않고도 알 수 있는 사복 경관이었다. 그 중간에 서서 하이칼라 맨머리 바람에 검정 중국옷을 입은 형님의 두 손을 채운 쇠수갑은 아침 햇발에 유난히 번쩍거렸다.

갑판에 나선 채 잠깐 멈칫하는 듯하였던 그 눈은 두리번거리며 무엇을 찾는 듯하였다. 나는 그가 나를 찾으려는 것인 줄을 얼른 알 수 있었다. 가슴속으로는 한줄기 무거운 것이 흘러내림을 깨달았다. 내가 그 눈에 발견되려는 노력은 필요치 않았다. 형님은 곧장 나를 발견한 것이다.

두 눈을 한번 크게 뜨면서 반가움이 잠깐 나타나다가 이내 무심한 얼굴로 부두에 내려섰다.

일행이 인천경찰서로 가는 것을 본 뒤에 나는 인천역에서 다시 그들이 나타나기를 기다려서 함께 차를 타고 형님과 마주앉을 수가 있었다.

비로소 호송 경관에게 통성명을 하고 원로(遠路)에 오는 수고로움을 말한 뒤에 형님을 위하여 담배와 과실을 줄 수 있게 해 달라 하여 허락을 얻었다.

수갑 찬 두 손을 들어 담배를 받고 내가 그어 주는 성냥에 불을 붙여 한 모금 빨고 나서

"아주머니에게 또 걱정을 끼치게 되었구나. 배천 집에는 알리지 말지."

이것이 형님의 첫마디 말이었다. 어머니가 아시면 얼마나 괴로우실까가 걱정이었던 것이다.

"신문마다 대문짝처럼 난 것을 알리고 말고가 어디 있어요."

하는 나의 대답에

"그래?"

필시 그러리라는 태도였다.

승객들이 모두 쳐다보고 수군수군하는데도 모르는 체, 무심한 체, 태연스러이 말없이 담배만 피우던 형님은 이런 말을 하였다.

"너도 신문기자지만 신문이란 고마운 때도 많으나 성가신 때도 많아."

나는 형님이 자기가 붙들려 오는 소식이 신문에 난 것을 못마땅하게 여기는 것으로만 알았더니, 옆에 앉았던 호송 경관이 씩 하고 웃고 나서 조용한 말로

"딴은 그래! 신문이 없었더면 당신은 안 붙들렸을 게니까…."

이 말에는 형님도 쓴웃음을 웃었다. 프랑스 경관이 다른 범인을 잡기 위하여 찾아간 곳이 공교롭게도 형님이 묵고 있던 곳이요, 거기 조선문(朝鮮

文) 신문이 있어서 조선 사람인 것이 판명되고 그래서 허허 실수로 일본영사관에 넘겨준 것이 의외에도 그들이 잡지 못해 애를 쓰던 오기만이었던 것이다. 씩 하고 웃던 경관이 바로 자기의 전 지능을 짜내서 그 수상한 인물이 오기만인 것을 알아내고 자백을 받아 낸 공로자였다.

경성역에서 기다리던 경기도 경찰부자동차에 탈 때,

"어머니께는 좋도록 말씀드려라. 그리고 면회 자주 다닐 것 없고 옷이나 한 벌 보내다고."

라고 형님은 말하였다.

평양으로 내가 돌아왔을 때 어머니는 긴말을 물으려 하시지 않았다. 내 아내가 낳은 것이 손자가 못 되고 손녀딸인 것이 섭섭하신 뜻을 표하시기에,

"사내는 나서 뭘 해요 또 감옥이나 가야 할 걸."

하고 나는 말하다가 곧장 후회하였다. 어머니가 말없이 우시기 때문이었다.

"돈 좀 드리고 오셨소?"

자리에 누워 있는 아내가 내게 물을 때에,

어머니는

"그 속에서도 밥 주고 옷 줄 테지. 이젠 너희 살 걱정이나 하여라."

그러나 어머니는 감옥의 콩밥이 어떤 것인지를 아신다.

내가 스무 살 되던 해 가을 해주감옥에서 나오는 날 아침 콩밥을 받고 나서,

'한두 시간 후면 나는 이 감옥에서 나갈 것이다. 그러면 그 먹고 싶던 흰밥을 먹을 수 있다.'

고 생각이 들어 그렇게도 달고 고소하던 콩밥이 당장에 먹기 싫어졌다. 그대로 밀어 놔두고 불려 나갈 시간만 기다리던 중에

'이것도 한때의 기념이 될 것이다. 가지고 나갈 수는 없을까?'

하는 실없는 흥미가 일어났다. 곰곰이 생각 끝에 수건에다 싸 들고 옷 바꿔 입는 곳까지 갈 수가 있었고, 거기서 붉은 옷을 벗고 감옥에 오던 날 벗어 놓은 내 옷을 갈아입을 때 또다시 간수의 눈을 속일 수가 있어서 밖에까지 가지고 나올 수가 있었다.

처음 감옥에 오던 날 이틀 동안 잡감(雜監)에 있을 때에 말로만 들었지 생전 본 일이 없는 흡사 메줏덩어리 같은 콩밥이 차마 먹히지를 않아서 그대로 밀어 놓았다.

먼저부터 있는 다른 죄수가

"새 손님이 아직 입맛이 높으시군. 안 자시려면 내가 먹읍시다."

하고 미처 다른 사람이 뺏을까 봐 황겁스럽게 집어다가 먹던 생각이 나서,

'독방(獨房)에 있은 덕에 이걸 가지고 나올 수 있었다.'

는 생각도 들었다. 그러나 실상 나도 한 사날 굶은 다음부터는 어떻게나 고소하고 맛나는 그 콩밥을 맞은편 방에 새로 들어온 독방 친구가 그냥 내놓는 것을 문틈으로 내다보고 군침이 돌던 생각도 났다. 배식하는 죄수가 빈 접시를 걷어 나가다가 그냥 내놓은 그 콩밥을 보기가 무섭게 제 입으로 가져가는 판에 재수없이 딱장떼라는 별명을 가진 일본녀석 간수에게 들켜서

"이 자식 누구 밥을 훔쳐먹는 거야."

하고 따귀를 때리고 발길로 차고 하는 바람에 복도에 흩어진 밥덩이가 몹시도 아깝고 군침이 돌던 생각도 났다.

누구 밥을 훔친 것이 아니라 안 먹고 내놓은 것인 줄을 알자 흩어진 밥덩이를 그냥 구둣발로 짓밟아 으깨 버리는 간수를 내다보면서 나는

'저런 놈의 종족에 천벌이 없을까.'

했던 것도 생각났다.

'그런데 오늘 아침따라 나는 이것이 먹기 싫어졌다.'

고 생각할 때에 사람의 마음이란 얼마나 간사하냐고 스스로 물어보았다.

이렇게 들고 나온 콩밥을 어머니는 보신 일이 있는 것이다.

"이걸… 장장하일에 이거 세 덩어리로 살았고나."

하고 그 말라서 꾸득꾸득하여진 콩밥을 손에 들고 눈물을 내신 일이 있다.

'공연한 것을 가지고 왔다.'

고 후회하였지마는 다시 몇 해 후에 또 이 콩밥을 먹어야 할 맏아들 때문에 우시는 어머니가 작은며느리에 대한 대접으로

"그 속에서도 밥 주고 옷 줄 테지!"

라고 말씀하실 때에 얼마나 마음이 아프실까.

'공연한 것을 보여 드린 일이 있다.'

고 또다시 후회스러웠다.

며칠이 지나서 아내가 자리에서 일어나고 어머니가 평양을 떠나 고향으로 가신 뒤에 나는 평양경찰서에 붙잡혔다.

평남 경찰이 서울까지 올라가서 형님을 직접 취조해 본 결과 내가 그렇게도 모르노라고 시침을 떼던 형님 사건에 관련되어 있는 것이 드러난 때문이었다. 그러나 친형제 사이에 돈이나 대준 것쯤으로서는 그 지독한 경찰로서도 어쩌는 수가 없어 나를 형님의 사건 속으로 끌어넣어 보려고 애

를 썼다.

그러기 위해서는 형에게 돈을 대준 것뿐이 아니라 직접 그 활동에 가담했다는 자백이 필요하였다. 특히 김형선을 내가 만났다든가, 그와 어떤 연락이 있었다든가, 그에게 돈을 대주었다든가, 박헌영이 상해에 있을 때에 그와 형님과 혹은 김형선과의 중간 심부름이라도 하여 주었다든가, 혹은 격문을 지어 주었다는 따위의 자백이 필요하였다. 그래서 때려도 보고 매달아도 보고 물도 먹여 보고 잠을 못 자게 하는 고문도 하여 보며 갖은 애를 쓰다가 그만 지쳐서 보름 만에 놓아주고 말았다. 그래도 신문기자라는 직업을 그렇게까지 마구 푸대접할 수는 없어서 서울 본사의 항의를 받은 총독부 경무국에서

'확실한 증거가 없거던 석방하라.'

는 명령이 있고서야 놓여나온 것이었다.

그래서 그해도 저물어 가던 십이월 보름께 방청 금지된 경성지방법원 법정에서 신문기자가 아니라 피고의 가족으로 재판받는 형님의 씩씩한 모습에 감격할 수 있었다.

그때 법정에 함께 나선 피고야말로 해방 후 농민 노동자의 지도자로 지상(地上)에 나타난 박헌영, 김형선이었다.

형님은 그 혹독히 추운 겨울 날씨인데 차입시킨 솜옷을 입지 아니하고 그냥 겹옷을 입고 있었다. 아무래도 이 겨울에 공판이 끝남직하니, 솜옷을 입고 있다가 갑자기 얇은 죄수옷을 바꿔 입게 되면 추위를 더 견디기 어려울 것이라고 아주 솜옷 입기를 단념하고 내리 겹옷으로 견디는 것이었다. 이런 데도 형님의 고집과 환경에의 싸우는 성격이 나타나고 있었다.

"피고로 인하여 지금 옥중에 들어 있는 젊은 사람이 40여 명이다. 이들

을 꼬여서 국민으로 바른길을 걷지 못하게 하고 일생의 운명을 그르치게
한 데 대해서 피고는 어떤 책임을 느끼는가?"

사실 심문이 끝날 때 재판장은 형님에게 이런 질문을 하였다.

"충분히 책임을 느낍니다. 그러나 그들은 모두 그들의 자각에 의하여 바
른길을 걷고 있습니다."

"감옥에서 징역을 살고 전과자가 되고 하는 것이 바른길이야?"

재판장은 너무도 어처구니없는 억설에 분격한 듯이 말소리조차 날카로
왔다.

"일본 국민 중에서도 일본의 혁명을 위하여 이 길을 취하는 청년이 많습
니다. 하물며 우리 조선 사람은 당연히 취할 수밖에 없는 길입니다."

"그런 말을 하는 게 아니야! 그게 모두 잘못된 생각이다. 피고는 전향할
의사가 없나?"

"없습니다."

"왜 없어?"

"현 사회제도에 대한 부정(不正)을 승인할 수 없습니다."

소용없는 권고라는 듯이 간단하게 한마디로 거절하는데 재판장은 다시
화가 나는 듯하였다. 네가 그러면 어쩔 수 없다는 듯이, 그러나 매우 가엾
은 인생에게 훈계하는 어조로

"일본의 정치가는 피고보다는 모두 훌륭해. 지금 피고 하나쯤이 전향을
아니한다고 버티는 것이 조선 통치에 아무 영향도 없다는 것을 모르느냐?"

"이미 투쟁력을 잃은 나 하나가 감옥생활이나 좀 덜해 볼까 하는 야비한
심리로 여기서 전향을 성명한대도 그건 우리 혁명 전선에 아무 영향도 없
습니다."

"재판장은 피고를 위하여 전향하라는 것이다."

"고맙습니다마는 나는 나를 위해 전향할 수 없습니다."

나는 피고석 등 뒤에 앉아서 두 눈을 감고 재판장과 형님과의 이 대화를 들었다. 그리고 그의 나이를 다시 한번 따져 본다. 내가 스물다섯이니 그는 올해 스물아홉이다. 거지옷을 입고 지하에 숨어 다니던 그가 고국이라고 왔대야 결국은 이 재판소 법정이다. 용수를 쓰고서야 나서 보는 법정이다. 그는 이미 반년 남아의 미결 생활을 치렀으나 그가 지금 하는 말에는 한마디도 그의 마음을 굽히는 것이 섞이지 않았다.

나는 또 형님의 옆자리에 앉아 있는 김형선을 바라보았다. 원래 심장병이 있어서 병감(病監)에 있다는 그요, 목덜미까지도 여윌 대로 여위고 심문을 받을 때는 섰는 것조차 힘이 들고 숨이 차는 듯한 그 김형선이다.

그러나 그가 심문에 응하여 내놓는 말 한마디 한마디가 그대로 불붙는 염통에서 솟는 듯하다고 생각하였다. 처음 잡혔을 때 열두 시간을 계속하여 고문을 당했노라고 그 끔찍끔찍한 광경을 진술하고

"당신네 경찰은 병들어 죽어 가는 사람을 이렇게 몹시 고문해다가 여기 세웠소."

하고 재판장을 쳐다보던 광경이며, 박헌영에 대해서는 제1차 공산당 사건의 심리가 그때 끝나기 전에 피고가 달아났기 때문에 연속범(連續犯)으로 인정하여 사실심리(事實審理)를 분리(分離)한다고 할 때에

"아무렇게나 재판하면 고만이지 자꾸 끌기만 하오."

하고 대들던 모양이며, 모두가 나에게는 전에 많이 보아 온 정치범들의 재판에서 보지 못한 광경이었다.

한 주일 뒤에 판결이 내렸다. 김형선이 8년, 형님은 자기 자신이 진작부

터 판결해 두었던 5년 징역이었다.

판결을 받고 나서 다시 쇠수갑을 차고 결박을 당하고 용수를 쓰고 법정을 나설 때 형님이 김형선에게 속삭이는 말을 들었다.

"복역하지!"

"그러지."

이것이 김형선의 대답이었다.

공소를 하면 무엇이 다르랴 하는 것이었다. 이리하여 이들은 공소를 포기하고 기결수(旣決囚)가 되었다. 사복을 벗기우고 붉은 옷을 입고 사식을 먹지 못하고 콩밥을 먹는 죄수의 생활이 시작되었다.

욕된 생활이지마는 나라를 사랑하고 약소민족의 해방을 위하여 받는 광영의 고난이었다. 마음에 걸리는 죄가 없으니 괴로울 것 없는 고난이었다.

판결을 받고 징역을 시작할 때 형님은 내 아내에게 이런 편지를 보내 왔다.

아주머니.

이미 아시려니와 나는 5년 징역을 졌습니다. 받아야 할 것이라고 생각하며 공소를 포기하였는데, 그것은 아주머니의 수고를 덜어야 하겠다는 뜻도 섞여 있습니다. 미결 중에 여러 가지로 아주머니의 신세를 입었습니다. 앞으로는 두 달에 한번 밖에 편지를 쓸 기회가 허락되지 아니하는데 배천과 평양에 번갈아 쓰려면 넉 달에 한번 밖에 쓰지 못하겠습니다. 아이들이 건강한지요. 가끔 꿈에 경석이 경수를 보오며 내가 이번 고국땅에 내리던 날 낳으신 조카딸은 이름도 얼굴도 모르나 퍽 귀여울 줄 압니다.

이제부터는 내 걱정은 조금도 마시고 지내시기 바랍니다. 5년이 긴 것 같지마는 일생에 비기면 한 마디에 불과하오며 하물며 긴 역사에 비기면 한 점에 지날 것 있습니까? 잠깐 새에 끝나겠지요.

나는 늘 아주머니를 자랑할 조선의 여성이요 존경할 모성이라고 생각하며 아주머니 같은 동지를 가진 나는 퍽 행복된 자라고 믿습니다. 안녕히 계십시오.

그러나 아내는 형님 생각을 잊지 못하였다. 이따금 내가 반찬 투정을 하거나 그 끝에 제육이라도 좀 사오라고 하게 되면

"거 당신은 형님 생각도 좀 허시오."

하고 제육 즐기는 형님에게 미안해하고, 혹시 내가 술이 과히 취해 들어온 이튿날 아침이면 으레

"옥중에 있는 형님 생각을 하기로니 술이 넘어가오?"

하고 탓을 하였다. 도리어 어머니는

"이러나저러나 이젠 한맘 놓았다."

고 말씀하시는 적이 많았다.

한때는 쩍하면 붙들려 가는 아들을 걱정하시기도 신산스러우서서 차라리 저 가고 싶은 데로 가 버렸으면 하던 어머니였으나 아들이 집을 나간 뒤에 그 허수함, 그 걱정스러움을 뼈가 아프게까지 겪으신 어머니는 이제는 비록 옥중이라 하되 있는 곳을 아는 것, 다섯 해 후면 나올 것이요, 그때는 얼굴을 내놓고 다녀도 좋으리라는 소망에 하루하루 지내가시기가 나으신 듯하였다.

"몸만 성하면."

아침에 하신 이 말씀을 저녁에도 하시었다.

내가 형님을 면회하고 와서,

"괜찮아요."

하고 말씀드리면 한편 안심하시는 듯도 하였으나 그래도 맘이 놓이시지 않아서

"갇혀 있는 몸이 괜찮으면 오죽하랴."

고 괜찮게 보고 온 나를 탓하시는 말씀이었다.

그도 그럴 것이, 어머니는 이미 갇혔다가 나온 때의 남편의 모양, 아들들의 모양을 한두 번 보신 것이 아니었다. 그 상상의 세계에 갇혀 있는 괴로움을 충분히 체험하신 어머니였다.

그래서 단 한 가지의 소원이

"몸만 성하면."

하는 것이었는데 야속스럽게도 이 소원은 이루어지지 못하였다.

징역을 사는지 1년 반만인 유월 어느 날 아침이었다.

서울로 이사 온 지 석 달밖에 아니 된 우리집에 놀라운 소식을 예통하는 듯한 편지 한 장이 왔다.

"여보 아주버니가 편찮으신가 봐?"

하고 아내가 내어주는 엽서에는

"나는 오늘 아침 서대문감옥에서 나왔습니다. 오기만 씨의 건강에 대해서 긴급히 전할 말이 있으니 와 주시기 바랍니다."

라고 쓰여 있었다.

알지 못하는 이가 보낸 이 엽서를 읽으면서 번개처럼 일어난 불길한 예감은 번개처럼 사라지지는 아니하였다.

우두커니 앉아서 생각에 잠긴 나는

"어서 가 보오."

하는 아내의 독촉을 세 번 네 번 받고서야 알 수 없는 편지를 보낸 알지 못하는 이를 찾아서 그가 묵고 있다는 여관으로 갔다.

콩살이 쪄서 얼굴은 부은 듯이 퉁퉁하나 몹시 창백한, 어젯밤까지 죄수였던 이 사람이 전하는 소식은

'형님이 폐병에 걸린 것, 병감 오방(五房)에 들어 있는 것, 이 병감 오방에 들어간 환자는 서대문감옥이 생긴 이래 한 사람도 살아 나온 일이 없다는 것, 이 오방은 그렇게 죽게 된 중병 환자만 넣어 두는 방이라는 것.' 을 말해 주고 도리만 있거든 빨리 운동해서 끌어내오라는 것이다.

놀라움은 고비가 넘어 말문이 막힐 지경이었다.

"그게 무슨 말씀이오. 내가 면회한 지가 이십여 일밖에 아니 되는데."

"그때도 앓기는 할 때지만 오방에 있지 않고 삼방에 있었지요. 병난 줄 알면 가족이 놀랜다고 그때도 억지로 면회실로 나갔더랍니다."

"어떻게 그렇게 자세히 아시오?"

"내가 병감 삼방에서 한 주일 가량 같이 지내서 압니다. 가족에게 기한 전이라도 특별 편지를 하는 수가 있는데 알려야 걱정만 된다고 안 하더군요."

"그럼 오방으로는 언제 넘어갔나요?"

"한 열흘 됩니다. 의사가 순회 진찰을 하다가 오방으로 옮기라고 지휘를 하더군요."

앞이 아뜩아뜩하였다. 눈앞에는 벌써 거적에 싸여 있는 형님의 시체가 어른거렸다. 고맙다는 인사도 하는 둥 마는 둥 여관을 나서서 바깥바람을 쏘이면서 다소 냉정을 회복할 수 있었다. 그래서 이십여 일 전 면회할 때

에 두 볼이 붉은 듯하던 것이 생각났다. 그것도 몰라보고 그저 괜찮게 잘 있다는 말만 믿고 그렇게 어머니에게 전했던 것은 얼마나 소홀한 일이었는가. 그때도

"갇혀 있는 몸이 괜찮으면 오죽하랴."

고 늘 하시던 말씀이었건만 이제야 귀에 새삼스러웠다.

허나, 또다시 생각해 보면 도무지 내가 무엇에 홀린 것이나 아닌가도 싶다. 형님은 퍽 건강한 사람이었다. 그는 축구 선수요, 평양에서 지하운동을 하던 때는 여러 가지 근육노동을 하였고, 진남포에서는 부두에서 볏섬을 지어 나르는 노동을 한 것을 나는 알고 있다. 하물며 그 체질이 어디로 보나 폐결핵에 걸릴 체질도 아니요, 우리 집안에 이 병을 치른 이가 있는 일도 없었다.

'내 눈으로 가서 보자.'

나는 집을 그대로 지나쳐서 서대문감옥으로 갔다.

전옥(典獄)을 만나서 사정을 말하고 그의 허락으로 특별 면회를 하게 될 때 그 면회 수속이 달라진 데서 우선 모든 것을 짐작할 수 있었다.

내가 간수에게 인도되어 가는 곳은 그전처럼 보통 면회실이 아니었다. 감옥문 밖으로 나와서 다시 뒷담을 돌아가지고 뒷문으로 들어선 곳이 바로 병감이었다.

흰 가운을 걸치고 입도 깨끗한 거즈 마스크로 가리기는 하였으나 역시 붉은 죄수옷을 입은 간병부(看病夫)들이 오락가락하였다. 그들은 이 속에서는 면회 오는 이가 아니면 볼 수 없는 신사 양복을 입은 방문자를 신기하다는 눈찌로 바라보았다. 냄새는 제법 병원 같으나 방마다 무거운 자물쇠와 가로질린 쇠빗장이 문짝을 더 육중스럽게 보여주는, 감옥은 감옥에

틀림없었다.

"오방에 있는 2089호 이리 내와!"

자그마한 마당을 지나서 병감 문턱에까지 다다르자 간수는 간병부에게 명령하였다. 다시 간병부가 병감 지키는 간수를 불러왔다. 이 간수는 정자(丁字)로 생긴 손잡이가 매끈매끈해진 열쇠를 들고 감방 몇 개를 지나갔다.

"똑!"

자물쇠를 여는 소리가 나고

"덜그덕!"

문을 여는 소리가 나고

"2089호 누웠나? 면회야, 이리 나와!"

하는 소리가 들리고 조금 있다가,

"뭣들 허는 거냐, 들어가서 좀 부축해 줘!"

하고 간병부들을 꾸짖는 소리가 뒤이어 들렸다.

그저 뛰어들어가고 싶은 것을 참고 섰기에 그 짧은 시간이 어떻게나 길었는지 모른다.

"캑!"

"캑!"

쇳소리 같은 기침 소리가 연거푸 난 뒤에 간병부 두 사람에게 부축되어 형님이 나타났다.

"응… 어떻게 알구 왔어."

소위 특별 편지도 하지 아니하였는데 어떻게 알고 왔는가 하는 뜻이었다.

얼굴은 창백하나 두 볼은 불그레하였다. 지난번 면회 때에 나는 그 불그레한 두 볼을 어째 못 알아 보았는가고 아까 했던 후회가 다시 새삼스러웠다. 형님에게서는 말끝마다 쉿소리 같은 기침이 나왔다.

　"진작 알리시지 그게 뭐요."

　하고 내가 탓할 때에

　"알려야 걱정이지 별수가 있나."

　"마음놓고 계시오. 일간 모셔 내가도록 하리다."

　"고만둬 고만둬, 여기도 병원이다. 약도 있고 주사도 맞고 하니 걱정할 것 없다."

고 고개를 흔들었다.

　"열이 나나?"

　옆에 섰던 간수가 묻는 말에

　"열은 대단치 않아도, 기침이 심해서…."

　"듣자 허니 아우는 신문기자라는데 교제가 넓을 것 아냐? 끌어내갈 운동을 할 수도 있을 건데 왜 고만두라나?"

　"아뇨. 여기는 병원 아닌가요."

　하고 간수에게 대답하고 나서

　"고만 가라. 내가 좀 피곤해서 들어가 누워야겠다."

　하고 의자에서 일어섰다.

　차마 내가 돌아서지 못하여 그대로 섰는 것을 보고

　"참, 아주머니는 안녕하시냐? 몸이 튼튼치는 못한 분인데."

　하고 도리어 내 아내 건강을 걱정하고 나서

　"너만 알고 집안에는 알리지 말아. 이 속도 병원이긴 마찬가지야. 나가면 별수 있니? 서로 걱정이나 되고 딱할 뿐이지. 어서 가라."

하고는 다시 캑캑 밭은기침을 하면서 돌아서서 감방으로 걸어갔다.

부축해 주는 간병부가 나를 돌아다보고 내가 그냥 섰다는 것을 속삭인 모양으로 형님은 걸음을 멈추고 돌아보더니

"어서 가라, 이다음에도 면회는 꼭 네가 오지, 아버지 오시지 말게 해라."

하고는 감방으로 들어가고 다시

"덜그덕!"

"철격!"

하고 문 닫는 소리, 쇠 잠그는 소리가 들렸다.

무거운 가슴을 안고 내가 감옥 밖으로 나올 때 나를 데리고 왔던 간수가 문간에까지 와서 나를 내보내도록 문지기 간수에게 말해 준 뒤에

"빨리 운동해 보라구."

하고 일러 주었다. 아까 병감 간수가 형님에게 하던 말이나 이 간수가 내게 하는 말이나 모두 소망 없는 환자를 위하여 인정을 베푸는 것인 줄 알 수 있었다.

그러나 형님을 여기서 끌어 내온다는 것은 그렇게 수월한 일이 아니었다. 그 이튿날부터 한 주일 동안에 전옥(典獄)을 찾아보기 네 번, 검사국에 탄원하기 다섯 번, 모두 그럴 듯이 듣기는 하면서도 결국은 서로 의무과장(醫務課長)에게 밀어 버렸다. 환자의 일은 의사가 안다는 것이었다. 이 의무과장이라는 자는 명색은 의사건마는 밤낮 죄수만 다뤄 본 작자라 의사다운 따뜻함이 없고 그저 간수와 다를 것이 없었다. 이 작자는

"환자가 중하단 말을 뉘게서 들었느냐, 네가 진찰해 본 일이 있느냐, 내가 의사인데 내가 병 증세를 알지 누가 아느냐."

고 펄펄 뛰고 기껏 하는 수작이

"환자가 중하지 아니하다. 설사 중하더라도 내가 잘 치료하니까 걱정할 것 없다. 병실에 가만히 누워서 징역 날짜가 줄어 가니 좋지 않으냐."

는 따위 인정 없는 소리를 할 뿐으로 응하지 않았다.

이름이 의사면 인술(仁術)을 배웠다는 자련마는 통치자의 권력에 인술을 파는 것도 분수가 있을 것 아닐 것인가고 밤자리에 누워서는 그 녀석의 야멸찬 상판대기를 생각하곤 하였다. 아무리 일본놈이기로, 죽어 가는 환자를 몰라보는 놈이 있을 수 있는가도 생각해 보는 것이다. 이러한 족속에게 아첨하여 부스러기 권세를 얻어 가지고 꺼떡대는 놈들이 우리 동족 중에 있으니 피를 토할 일이다.

분하고 억울하고 속은 타는 듯하여 안절부절 어쩔 수가 없었다.

'이 원수를 갚기 전에 형은 지금 죽을 병에 걸렸다.'

고 생각할 때에는 그냥 미칠 것만 같아서 소리를 내어 울었다. 안방에서 자던 아내가 놀라 깨어 쫓아와서 나를 붙들고,

"여보 울어서 일이 되우? 어떻게든지 지성껏 쫓아다녀서 모셔 내올 궁리를 해야지, 울어서 일이 되는 거요."

하고 말렸다.

"이런 짐승 같은 놈들에게 학대를 받구 사는 민족이 불쌍해서 우는 거요. 이놈의 원수를 언제나 갚아 본단 말요!"

하고 내가 가슴을 두드릴 때에는 아내도 따라서 울었다.

이튿날 아침에 어찌할까를 궁리하다가 그래도 할 수 없이 세 번이나 찾아갔다 면회조차 거절당한 의무과장을 다시 찾아갈 결심을 하고 나섰다.

그 녀석 집 앞에 당도하였을 때 작자는 감옥으로 출근하느라고 새카만

가방을 들고 나서는 참이었다. 그야 인사를 받거나 말거나 내 말을 듣거나 말거나 감옥문 앞까지 따라가면서 졸랐다. 돌아오는 길에 새 궁리가 나서 저녁때 이자가 퇴근할 때쯤 다시 감옥문 앞에 가서 지켜 섰다가 작자를 그의 집까지 따라가면서 졸랐다. 이래도 안 들으면 이놈의 집에 불이라도 놓고 싶은 격월한 충동을 받고 나 혼자 무서움에 몸을 떨었다.

이렇게 이틀을 하였다. 사흘째 아침에 그의 집 밖에서 그를 또 기다릴 때에 이번에는 자기도 기다렸다는 듯이 먼저 알은 체를 하고,

"오늘 수속할 테니 내일 형무소로 와!"

하는 소리를 듣고는 반갑기도 하거니와 한편으로는 겁이 덜컥 났다.

'정말! 정말 위독해져서 이 자식이 내놓는 거나 아닌가.'

하는 의심이 났기 때문이었다. 그래서 다시 검사국으로 쫓아가서 면분 있는 검사를 붙잡고 늘어져서 의무과장이 오늘 수속하마고 한 것이니 오늘로 내놓아 달라고 졸랐다. 그동안 의무과장의 몰인정함을 그대로 말한 뒤에

"필시 죽어 가게 되어서 내어 주겠다는 것처럼 의심도 드니 이왕이면 하루라도 빨리 허락해 달라."

고 졸라 대어 비로소 집행정지라는 허가를 얻고 그날로 끌어내올 수가 있었다.

이 한 주일 동안 내왕에 낯이 익어진 서무과장의 호의로 새 옷을 한 벌 감방으로 들여보내서 입고 나올 수 있게 하였고, 자동차도 감옥 안마당까지 들여다 놓고 거기서부터 타고 나가게 하여 주었다.

출옥하는 모든 수속을 마치고 지나간 1년 반 동안 형님이 작업하여 벌었다는 37원 17전을 찾아 들고 기다리기 한 시간, 간병부 두 사람이 들것을

메고 그 속에 담기워서 형님은 자동차 있는 앞까지 와서 내렸다.

　간병부와 내게 부축되어 자동차에 옮겨 타면서

"글쎄 고만두라니까…."

말은 그러하나 자동차에 턱 앉힐 때에는 확실히

'이제는 살았다.'

하는 듯이 후유–하고 느꺼운 한숨을 쉬었다.

　감옥문 밖에는 내 아내와 아우 기옥이와 신문사 사진반(寫眞班)이 기다리고 있었다.

　문 밖에 내려서 사진을 찍고 다시 자동차를 탈 때,

"징역도 변변히 못 하고 또 아주머니 괴롬을 끼치게 됐습니다."

고 말하고 집에 와서 이층 내 방에 자리를 펴고 눕기를 권할 때에는

"이거 원, 치과의원에 폐병 환자 입원이 당헌가."

하고 내 아내를 바라다보았다.

　이날 형님은 퍽 유쾌한 모양이었다.

　경석이, 경수를 불러서 몰라보게 컸다고 신기해하고 당신이 잡혀 오던 날 낳은 경숙이를 보고는

"야 고놈 길에서 보아도 오 서방네 아인 줄 알 만하다."

고 감탄하기도 하고,

"내가 너를 안아 보고 싶지마는 고만두자."

고 자기 병이 아이들과 접촉할 수 없는 뜻도 표하였다.

　오래간만에 계수가 정성을 기울인 저녁을 자시고 담배를 피우며 상해에서 붙들리던 광경, 그동안의 감옥살이, 병감 오방으로 넘어간 지 한 달 동안에 그 속에서 죽은 사람이 네 명, 그중 한 명은 밤중에 죽는데 가족을 못

보고 죽는 것이 서럽다고 하도 울어서 달래느라고 애쓴 이야기, 그 눈물이 질적질적한 눈을 감겨 줄 때 고맙다는 말을 채 끝내지 못하고 숨이 지더라는 이야기, 그 시체 옆에 누워서 그 밤을 지나고 이튿날 조반을 먹은 뒤에야 시체를 내가더라는 이야기, 또 한 명은 자다가 어느 때 죽었는지 아침에 깨어 보니 눈은 흡뜨고 입을 쩍 벌린 채 굳어 버렸기에

"이런 친구 봤나, 날 좀 깨웠더면 눈이나 감겨 줬지."

하였더니 다른 병자가 얼굴을 찡그리고

"혼자 애쓰다 죽었구려."

하더라는 이야기도 하였다.

"나도 그 꼴이 되는가 했더니!"

라고도 말하였다.

"저이가 노상 한 주일 동안을… 울구 다녔답니다."

하고 아내가 목이 메어 말끝을 흐릴 때에 형님은 내 얼굴을 바라보며

"내가 한번 그런 꿈을 꾸었다."

고 대답하였다.

5. 형의 죽음

비로소 형님이 출옥하였다는 소식을 집에 알렸을 때 놀라시지 않도록 병은 대단치 않으나 핑계 김에 끌어내온 듯이 하였으나, 어머니는 아들이 죽어 나오기나 한 만큼 놀라고 슬퍼하셨다.

"여북하여 감옥소에서 내놨으랴."

는 것이 병든 아들을 만나기도 전에 벌써 어머니의 판단이었다.

불행하게도 어머니의 이 판단은 들어맞았다. 처음에 감옥 의무과장 녀석이 그렇게도 중하지 않다고 하던 것은 중환자만 넣어둔다는 오방에다 가둬 놓은 것만으로도 믿지 않았던 것이요 그래서 그 녀석이 제풀에 석방 수속을 하겠다는 것이

'아주 위독해진 때문이나 아닌가?

하고 의심도 하였던 것이다. 그러나 막상 출옥하고 보니 열도 심하지 않을 뿐 아니라 기분도 퍽 유쾌하였고 그래서 그날 밤으로 형님은

"몸이 조금만 추서거든 뛰어야겠다."

라고까지 하였고 우리 부처도 그것이 당연한 줄 알아서 열흘 남아 정신없이 쫓아다니던 긴장이 풀려 맘을 놓고 하룻밤 단잠을 잤던 것인데 이튿날 전문 의사의 진단 결과는 나를 절망시켰다. 환자에게는

"환경이 나빠서 발병하였던 것이니 이제부터는 괜찮을 것이요, 감옥에

서보다 영양을 섭취할 수 있고 약도 맘대로 쓸 수 있으니 염려할 것 없다."
고 태연히 말하는 의사였으나 뒤로 나에게는 머리를 흔들었다.

"사진 찍은 것을 현상한 뒤에 보시오마는 왼편은 삼분지 이를 범하였고
바른편도 벌써 폐첨(肺尖, 허파 꼭대기)은 침범되었소이다. 아마 어려울 듯
하외다."
고 말하는 것이다.

그러나 이 병은 혹시 이런 상태에서 호전되는 수도 있기는 하다. 그러니
까 우선 환자 자신의 신념이 절대로 필요함을 일러 주며

"환자에게는 늘 희망을 가지게 하라."
고 병 증세에 대하여 비밀을 지키도록 주의를 주는 것이다. 아무리 전문
의사라고는 하나 한 사람만으로는 시원치 않고, 나을 수 있다는 말을 혹
시 어디서 들어 볼 욕심에 이 병에 권위자라는 의학박사를 세 명 네 명 불
러 대었으나 모두 비슷한 의견이었다. 더구나 K 박사는 야속스럽게도,

"지금 환자가 환경이 갑자기 좋아지는 바람에 기분이 좋으나 며칠 안 가
서 병세는 악화할게요. 얼른 고향으로 가도록 하시오."
하는 때는 하도 어이가 없었다.

"병원도 마땅찮은 시골로 가면 어쩌란 말이요?"
하고 짜증같이 대답하였더니,

"이 병에 무슨 약이 있는 줄 아시오? 첫째, 신선한 공기, 둘째, 충분한 영
양이야. 그 밖에 약이라야 소화제, 해열제지 별수 있답디까."
내가 다시 할 말이 없어 우두커니 바라다보는 것을 그는 딱하다는 듯이,

"신선한 공기, 충분한 영양은 시골이 서울보다 낫구, 해열제나 소화제는
내가 줄 테니 가지고 가면 되고."

K 박사는 다시,

"옆방에서 폐병 환자의 기침 소리가 자꾸 나 보시오. 치과 환자는 딴 데로 갈 거 아뇨? 내나 하니 이 말씀을 하지 누가 하겠소."

하고 형제의 정의는 좋으나 형님을 내 집에 두는 것이 옳지 않다고 충고를 하고 돌아갔다.

이 여러 의사들의 절망 선언, 그중에도 K 박사의 야속스런 예언은 그대로 들어맞아서 무서운 사실로 나타났다. 출옥한 지 한 주일쯤 지나서부터 병세는 급속도로 진전한 것이다. 게다가 환자가 설사를 시작한 것은 더더구나 어떻게 손을 쓸 수가 없었다. 음식을 자시는 대로 소화력을 잃은 위장은 그냥 설사를 하여 버리는 것이다.

"어서 고향으로 내려가도록 하시오."

하고 K 박사는 일부러 내게 전화를 걸고 독촉을 하였다. 그러나 내가

"이젠 갈래야 환자의 기운이 없어 갈 수도 없소. 일을 당할 때 당해도 하는 수 없습니다."

하는 말을 듣고

"그렇기에 진작 내려보내라니까."

하고서는 전화를 끊으려다 말고 다시,

"그럼 환자를 아래층으로나 옮기시오."

하기에 나는 무슨 뜻인가 몰라서

"아래층에는 해 잘 드는 방이 없는걸."

하였더니 K 박사는

"구름다리가 너무 좁습디다 그려."

하였다.

이 말에 나는 형님의 생명이 얼마 남지 아니하고 이미 그의 죽음이 시간 문제인 것을 깨달았다. K 박사의 일러 주는 말에 나는 비로소 그 꼬부라지고 좁은 구름다리로 시체나 관(棺)을 옮겨 내려갈 수 없을 것을 알았기 때문이다.

힘없이 전화를 끊었으나 그래도 차마 형님에게

"아래층으로 내려가 누웁시다."

라는 소리는 내놓을 수가 없었다.

그는 지금 자기 생명에 절망을 선고하는 이들이 있는 줄도 모르고 현재의 위기를 벗어나 보려고 비상한 노력을 하고 있다. 방을 옮기자는 말에 내가 깨달았듯이 형님이 깨달으면 어쩌나 싶어서 차마 이 말을 내놓을 수가 없었다.

'살릴 수 있다는 의사는 없나?'

천리 밖이고 만리 밖이고 이 한마디만 들려주겠다는 이가 있다면 쫓아가고 싶었다.

물론 한의(漢醫)도 불렀다. 그들은 형님을 태음(太陰)이라 하여 녹용과 소고기가 약이라 하였다. 그런데 없는 돈을 변통하여 그 비싼 녹용을 섞은 약을 지어다가 달여 드리면 반시간이 멀다고 자신 약이 그대로 설사로 나와 버렸다. 소고기는 소화할 자신이 없노라고 애초부터 싫다고 하였다.

"틀렸지?"

하고 내가 아내에게 말하면

"거 왜 그런 말을 하오."

하고 질색을 하는 아내였으나

"아냐 틀렸어."

하고 내가 머리를 흔들고 울면 말없이 따라서 눈물을 흘렸다.

마지막으로 내가 이 병을 치르고 난 R 씨를 찾아가서 물었을 때 그는 대번에

"의사가 무어 아는 줄 아시오? 나도 의사에게 버림받은 지는 20년도 넘소. 그래도 이렇게 살았는걸."

하고 생명은 기적이라고 하였다. 그리고는 간호하는 이의 낙심은 환자를 낙심시키는 것이라고 나부터 용기를 내라고 하였고,

"나도 20년 동안에 죽는다는 소문을 낸 게 열 번은 되오."

라고 하였다. 한 사날 지나서는 그가 친히 와서 형님을 보고,

"병이란 수양의 기회요. 그새야 어디 인생을 생각할 기회가 많았겠소? 이번 기회에 인생을 터득하시오."

라고 말해 주고 일광욕하는 법, 잠 잘 자는 묘방, 정신통일에 대한 경험을 설명하고,

"약을 믿을 것이 아니라 정신력을 믿으시오."

하였다.

소고기를 먹고 싶고 한방의사도 그렇게 권하나 설사가 무서워 못 먹노라고 형님이 말하니까

"그게 무슨 말씀이오. 아무래도 하는 설사인데 입맛 나는 대로 자시구려. 밑져야 본전 아뇨?"

이 대담한 말은 형님에게 용기를 주었다. 그래서 설사를 무릅쓰고 고기를 자시고 또 그가 권한 대로 여러 가지 섭생법을 실행하기에 힘을 썼다.

그것은 곧장 효과가 나기 시작하였다.

이리하여 우리는 살얼음을 걷는 듯이 아슬아슬하면서도 차츰 희망을 가

질 수 있었다. 설사가 멈추자 형님은 무섭게 식욕을 발휘하였고 그래서 자시는 대로 그냥 살이 되고 피가 되는 듯하였다.

'살아날 수 있다!'

우리는 이런 희망을 꽉 붙들고 다시 이것을 놓치지 않으려고 모든 정성을 기울였다.

아내는 이 아픈 환자에게는 의사였으나 형님에게는 간호부였다. 한참 무섭게 설사를 하던 무렵에는 미처 요강을 끌어대지 못하고 그냥 싸버린 속바지나 똥걸레까지도 식모 없는 집에서 아내밖에는 빨아 낼 식구가 없었다. 그뿐 아니라 그는 병비(病費)를 벌어 대는 주동력이요 또 환자에게 꾸준히 용기와 유쾌함을 계속하게 하는 위안자였다. 워낙 몸이 약질인 데다가 이미 삼남매의 어머니요 식모도 두지 아니한 주부로서는 제 몸을 견디기가 어려워서 저녁이면 병원문을 닫고 그 뒤에 오는 환자는 거절해 왔지만 이제는 그럴 수가 없었다. 시아주버니가 자실 녹용과 소고기를 사들이기 위하여 밤중에 오는 환자까지도 마다 아니하고 피곤한 몸을 일으켜 치료하여 주었다.

형님 자신도 자기에게서 위기가 물러간 것을 퍽 유쾌하게 여겨서,

"이젠 아주머니가 자꾸 벌어야 내가 삽니다."

하고 기쁜 얼굴을 보이는 때가 많았다.

그럴 때마다

"걱정 마세요, 어서 병만 나으세요."

아내는 이렇게 대답하였고 비가 오거나 날이 흐리거나 혹시 열이 올라서 환자의 기분이 좋지 않게 보여지는 때는 그날 수입이 얼마라고 일부러 자랑을 하고,

"요새 오는 환자들의 입치(入齒)가 끝나면 아주버니 한 달 약값은 또 나와요."

하고 병비에 걱정없는 눈치를 보였다.

이렇게 하기에 우리 부처는 수척할 대로 수척하였다. 내 얼굴도 야위고 광대뼈가 나올 지경이었지만 아내에게 비하면 그래도 나은 편이었다. 아내는 워낙 약골이 아주 바스러질 지경으로 되어 버렸다.

그러나 우리는 기뻤다. 무엇보다도 이 반년 동안에 딴사람이 된 형님의 모양을 보면 만족하였다. 7, 8월 뙤약볕 아래서 꾸준히 일광욕을 계속한 탓으로 우선 그 창백하던 얼굴과 전신이 새까맣게 타서 건강색을 띠고 끼니마다의 곰국과 소고기 전골에 살이 올라서 피둥피둥하여졌다. 그래서 방문 왔던 이 중에서,

"이 집에 정말 환자는 동생 부처구려."

하게끔 되었다.

이젠 자기 자신이 폐결핵 환자라는 것을 잊어버린 것 같았다. 마당에 쌓아 놓은 장작을 뒤적거리면서,

"나두 장작이나 한번 패 볼까."

하다가 계수에게 핀잔을 듣고 물러설 만큼 몸에는 기운이 난 듯하고 자기 자신이 병객이라는 것을 잊은 듯하였다. 물론 이런 것은 다 좋으나 어린애들을 붙들고 장난을 하는 것만은 보기에 딱하지 않을 수 없었다.

감옥에서 나올 때에 처음 보는 경숙이를 안아 보지도 아니하고 조심하는 뜻을 표하던 이였는데 이젠 그런 것은 다 잊어버린 듯하였다.

내 아들 경석이가,

"큰아버지는 인도 병정!"

하고 어깨에 매달리면 팔을 뒤로 보내 그를 쓸어안으며,

"그렇다. 큰아버지는 인도 병정!"

하고 식구들을 웃겼다. 그러나 경석이는 이미 눈치가 있어서 큰아버지 앞가슴으로 매달려 얼굴을 맞대지 말라고 어머니의 몰래 타이르는 말을 알아듣고 그렇게 지키지마는, 이제 다섯 살짜리 경수와 세 살짜리 경숙이는 그럴 수가 없었다.

그중에도 경숙이는 아장아장 걸어가서 마주 매달리기가 일쑤였다. 그러면 또 형님은 아이를 붙들고 뺨까지 비비며 귀여워하였다. 아내는 이것이 민망하여 될 수 있으면 아이들이 이층 큰아버지 방에 가는 것을 금하였으나 이미 혼자 누웠기가 심심해진 환자는 제 발로 걸어서 아이들 있는 데로 쫓아오곤 하였다.

"저러지는 마셔야 좋겠는데."

아내는 아이들을 걱정하는 것이 어머니로서뿐이 아니라 의사이기 때문에 더하였다.

그러나 형님은 이런 것은 다 모르는 듯 그냥 아이들과 즐겼다.

이것이 다 자기는 병이 나았다는 자신에서 나오는 행동이었다. 매일같이 열심으로 신문을 읽고 또 그 신문에서 꼭꼭 자기한테 필요, 자기와 관련 있는 어떤 소식을 찾아내고, 가만히 누웠을 때는 어떻게 하면 경찰의 눈을 벗어나서 다시 국경을 넘을 건가를 궁리하고 있었다.

이 궁리가 대체로 끝난 뒤에 그는 자진하여 시골로 가겠노라고 하였다. 고향에 가서 맑은 공기를 마시며 쉬는 것이 좋다는 의사의 지시를 따르는 형식으로 되어 있으나, 그는 언제 다시 뵐 때가 있을지 말지 한 어머니를 위하여 한두 달 집에 가서 쉬면서 형편을 보아 가지고 다시 해외로 떠나갈

작정이었다.

"미쳤나? 징역 마자 시켜 줍소사 감옥엘 기어들어 가?"

이것이 형님의 말이었다. 그의 주머니에는 현금도 5백여 원이 준비되어 있었다. 이것은 그새 내가 평양에 가서 친구들에게 형님의 병비에 보태 쓰겠노라고 얻어 온 돈이었다.

이리하여 살아난 기쁨, 감옥을 벗어난 기쁨, 다시 혁명 전선에 참가할 수 있다는 기쁨을 안고 어머니를 뵙기 위하여, 데리러 온 아버지와 함께 우리 집을 떠나서 고향으로 떠나게 되었다.

길을 떠나던 날 그는 비로소 감옥에서 이미 자기 생명에 절망하였던 것, 그래서 감옥 밖에 나간대야 차라리 집안의 괴롬이 될 것뿐이라고 그대로 그 속에서 죽는 날까지 있을 작정이었던 것, 우리 부처가 자기의 깊은 병을 짐작하지 못하고 그저 의사의 말만 믿어서 수월히 나을 수 있는 것처럼 괜찮게 여기는 것을 차마 낙망시킬 수 없어 자기도 괜찮은 체하였노라는 것을 까놓았다.

처음 설사를 몹시 할 때에 두 번이나 밤중에 나를 불러서는 옆에 있으라고 하였다가 다시 가서 자라고 한 것이,

"그때가 마지막 시간인 것 같아서 불렀던 것이다."

라고도 하였다.

형님은 우리를 속였노라 하지만 자기가 속는 줄은 몰랐고, 우리도 형님을 속였노라 했지만 우리가 속는 줄을 몰랐던 것이다.

"내가 어디 가서 이런 대접을 받을 수 있었을 거냐. 허지만 형제간이니깐 고맙단 말은 안 하구 간다."

길을 떠나려고 새로 사온 운동화를 마루에 걸터앉아 신으면서 형님이

이렇게 말할 때에 그 옆에 섰던 내 아내의, 나를 쳐다보는 눈에는 이슬이 맺혔다.

"그런 말씀까지 안 하는 게 좋소."

하고 대답하는 나도 목이 메고 눈시울이 뜨거웠다. 고개를 숙이고 신을 졸라매는 형님의 운동화 위에도 눈물방울이 떨어졌다. 우리는 생전 처음 형님의 눈물을 보았다. 그것이 또 우리 눈에 눈물을 자아냈다.

서로 말로 할 수 없는 말을 몇 방울 눈물이 다 말해 주었다. 남은 것은 서로 기쁜 얼굴로 작별하는 것이요, 또 만날 기약 없는 작별에 앞날의 성공을 비는 것뿐이었다.

그러나 죽음의 검은손은 그를 놓아준 것이 아닌 줄을, 이번 내 집을 떠나가는 길이 아주 이 세상을 떠나가는 길인 줄은 생각하지 못하였다.

고향에 간 지 얼마 아니 되어 그렇게도 조심하는 몸이었건마는 감기가 들렀다. 며칠 동안 심히 기침을 하며 방 안에만 있는 새에 관절염이 일어났다. 오류(五六, 오장과 육부라는 뜻으로, 온몸을 이르는 말)이 쑤시어 꼼짝도 못 하고 누웠는 중에 소화력을 잃었다.

이렇게 되어 고개를 숙였던 폐결핵은 다시 재발되어 돌이킬 수 없는 지경에 이르고 말았다.

해외로 다시 탈출하려던 계획이 틀어지고 두 번째 자기 생명의 절망을 깨달은 환자는 마침내 온갖 경우에 분수없이 짜증을 내기 시작하였다.

내 집에 있을 때는 동생보다도 계수가 어려워서 혹시 불유쾌한 일이 있어도 억지로 참았겠지마는 고향에 가서는 그는 이미 혁명가도 아니요 산전수전 다 겪어서 속 터진 사나이가 아니라 병화를 군말 없이 받아주는 어머니 앞에서 버릇없이 화만 내는 아들이었다. 비록 의학 상식이 내 아내를 따를 수 없고 환자 다루는 모든 법도가 내 아내의 솜씨를 따를 수 없다 하더라도 정성에 있어서는 몇 백 곱절 몇 천 곱절 더하는 간호였건마는 형님은 야속스럽게도 어머니의 무식을 탓하였다. 어려서는 아버지의 엄한 채찍 아래 자라나서 그렇게도 어려워하던 아버지였건마는 쩍하면 아버지의 말씀을 거역하였고 아버지의 고집이 내 병을 더하게 한다고 무정지책을 내놓기가 일쑤였다.

약을 자시다 말고도 화만 나면 약사발을 마당으로 내던졌다. 각혈을 하다 말고 피 쏟던 요강을 집어 동댕이치는 일까지 생겼다.

이미 생명의 지속은 시일 문제인 것을 어머니도 알고 아버지도 알고 환자 자신도 아는 노릇이면서 이렇게 마지막 시간을 화를 내며 끝낼 것인가를 냉정히 생각하고 그것을 참기에 형님의 병은 너무 악화하였던 것이다. 또 별달리 그의 절망 상태를 위로할 길도 어머니 아버지에게는 없었다.

그래서 그저 참으시었다. 아들이 아무리 화를 내어도 늘 웃는 낯을 가지시려 애를 쓰셨고 아버지는 아버지대로 성미를 누르시고 혹시 못마땅한 일을 탓하시다가도 아들의 얼굴에 노여움이 나타나면 언제든지 아버지가 지시는 것이었다.

"정을 떼고 가느라고 저런다."

이것이 오직 아들의 화를 이해하는 단 한 가지 방법이었다. 고향인지라 어려서 같이 자란 동무들이 많지마는 몸에는 결핵병이 들고 정신에는 위험한 사상을 가진 사람이라 외따른 산골짜기 가난한 초막 속에 누워 있는 그를 찾아오는 이도 별로 없었다.

혹시 그를 찾아봐 주는 친구가 있어도 그 사람은 주재소의 호출을 당해야 했다.

무슨 일로 가 보았느냐, 누구와 연락을 했느냐, 무슨 말을 했느냐고 문초를 겪고 빨라야 두세 시간, 그렇지 않으면 하루 종일 세워 두었다가는,

"폐병 환자를 찾아다니다 전염이나 되면 어쩌려고 그러느냐."

고 이다음에는 가지 않는 것이 좋다고 일러서 내보내는 것이었다. 그러나 실상 경찰이 경계하는 것은 폐병의 전염이 아니라 사상의 전염이었던 것이다.

이래서 더구나 웬만한 사람은 찾아오고 싶어도 오지 못했다. 밤이나 낮이나 허구헌 날 두 늙은이의 간호에만 물리고 지친 환자의 병화는 날이 갈수록 더하였다.

"어머니 주무시우?"

한밤중에 곁에 누운 어머니를 이렇게 불러 보고,

"아니다."

하고 어머니가 벌떡 일어나시면,

"글쎄 왜 안 주무시오?"

하고 화를 내는 환자면서 어떤 때는 깜빡 잠이 들었던 어머니가 미처 대답이 없으시면,

"사람이 죽어 가는데 잠만 자오?"

하고 화를 내는 것이다.

"담배 좀 고만 피시우!"

하고 아버지의 담배 연기가 싫다고 짜증을 내다가도 또 무슨 맘이 나서,

"담배라도 좀 피시지 않고!"

하고 아버지를 답답하다고 하였다.

병중의 식욕이란 기이한 것이어서 별로 먹어 본 일도 없는 것이 생각나

는 모양이었다.

"레몬이 먹구 싶어."

"레뭉이 뭐냐?"

하고 어머니가 물으시면,

"모르면 고만둬요!"

하고 돌아누워 버렸다.

이렇게 답답하신 속을 썩이시는 어머니 아버지에게는 새로운 슬픔이 얹혀졌다.

내가 또 붙들려 간 때문이다. 미리 아내에게 고향에 알리지 않도록 부탁하였고 그렇지 않더라도 알리지 않을 아내였지마는 약을 구하려 올라오셨던 아버지가 아시고 가시었다. 아버지는 아버지대로 입을 봉하고 계셨으나 다른 사람들의 위로를 받고 어머니도 아시었다. 옆에는 오늘내일 죽어 가는 맏아들이 있고 서울서는 또 둘째 아들이 갇혔다는 것을 아시면 얼마나 가슴이 아프실까. 제발 내 소식은 모르시기를 유치장 속에서 얼마나 간절히 바랐는지 모른다.

석 달 만에 놓여 나와 형님을 보러 갔을 때 어머니는 반가우시기 전에 우시기부터 하였다. 맏아들의 목숨은 이미 단념하셨으나 내가 돌아온 것을 보시고는 죽었던 아들 하나가 살아온 만큼이나 반가우신 듯하였다. 그러나 이 반가움은 눈물로밖에는 표하실 길이 없으셨던 것이다.

"네 형은 이젠 틀렸다. 맘이나 편하다가 가얄 텐데 화를 몹시 내는구나."

하고 어머니는 가만히 한숨을 쉬시었다. 오상이 찢어지고 가슴이 터저서 새어나오는 한숨이라고 나는 느꼈다.

형님이 누워 있는 방으로 들어갔을 때에 나를 쳐다보자 형님은,

"너 언제 나왔냐?"

고 물었다.

"내가 잡혀갔던 걸 아시고 계셨소?"

"누구헌테 말을 들은 건 아니다만."

"그런데 어떻게 아시오?"

"신문에서 흥사단 검거*를 알았어. 그리구 석 달이 넘도록 안 오니까 알았지. 아마 어머니 아버지는 모르시고 계셨을 거야."

하였다. 그리고는 한 달 전부터 시작된 소위 지나사변(支那事變)**에 대하여 물었다.

"일본 정부는 불확대 방침(不擴大方針)이라고 하지만 군벌(軍閥)을 억누를 힘이 없을 게요."

하고 내가 대답하였다.

"일본은 제 무덤을 파는 짓이야. 만주를 유지하려니까 북중(北中)을 쳐

---

* **흥사단 사건** 흔히 '수양동우회사건(修養同友會事件)' 혹은 '동우회사건'이라고 불린다. 1937년 6월부터 1938년 3월에 이르기까지 수양동우회와 관련된 180여 명의 지식인들이 일제에 의해 검거된 사건을 지칭한다. 수양동우회는 1926년 흥사단계열의 수양동맹회(서울)와 동우구락부(평양)가 합동하여 결성된 조직이었다. 일본은 1937년 중일전쟁 발발 시점에 본격적인 전쟁 체제를 조성하기 위해 양심적 지식인과 부르주아 집단을 포섭할 필요가 있었다. 이에 일제는 수양동우회를 표적 수사하여, 1938년 3월까지 180여 명의 조선인 지식인들을 치안유지법 위반 혐의로 체포했다. 이 과정에서 최윤호(崔允浩), 이기윤(李基潤) 등은 고문으로 옥사하고, 김성업은 불구가 되었으며 안창호 역시 1938년 병보석으로 출감하였으나 고문 후유증으로 세상을 떠났다.

** **지나사변(支那事變)** 일본에서 중일전쟁(中日戰爭)을 이르던 말. 1937년 7월 7일 베이징 교외의 작은 돌다리인 루거우차오(盧溝橋)에서 일본군과 중국군 사이에 일어난 작은 사건을 빌미로 일본이 시작한 침략전쟁이다. 일본은 베이징, 톈징, 상하이, 난징 등을 점령하고 무고한 시민들을 무차별적으로 살육했다. 일본은 우세한 군사력으로 주요 도시 등을 침략하여 일거에 중국 전토를 석권하려 했으나, 충칭(重慶)으로 천도한 중국의 집요한 항전에 의해 전쟁은 장기화되었다. 일본이 자신의 전선을 동남아시아와 미국의 진주만으로 확장시키면서 중일전쟁은 제2차 세계대전의 일부가 되었다.

들어가는 것이나, 만주 침략 이후 중국 민족이 얼마나 깼다는 것을 모르는 놈들이다. 물론 세계가 이번까지 그냥 내버려 둘 리도 없구. 그래서 내 생각엔 이것이 세계전쟁의 시초라고 보여져. 꼭 세계전쟁이 일어날 것만 같아. 그러면 뻔하지. 그때꺼지만 살았으면 좋겠는데… 틀렸다."

고 이미 자기 생명은 단념한 뜻을 표하였다.

얼굴은 야위고 전신이 시들 대로 시들어서 내가 보기에도 정말 며칠 남지 못한 듯하였으나 그의 생각은 지금 만주를 지나 북중에 일어나고 있는 구름을 쫓아가고 있다. 그 구름이 전 중국에 퍼지고 세계에 퍼지고 그래서 큰비가 한번 쏟아지고 나면, 망해야 할 놈은 망하고 다시 일어서야 할 민족은 일어설 것이요, 이 땅의 압박받는 족속도 사슬이 풀릴 것을 내다보는 모양이었다. 때는 왔는데 생명이 그날까지 부지하지 못할 것을 그는 알고 있다고 생각하면서 가엾은 그의 최후를 나는 속으로 울었다.

"들으니 화를 몹시 내신답디다. 어떻게 불쌍한 어머니라고, 그 앞에서 화를 내시오."

하고 내가 형님께 말하였을 때 그는 온순하게,

"나도 안다. 참자 참자 하면서 그렇다. 허긴 화낼 날도 얼마 안 남았어."

"왜 자꾸 그렇게 생각을 하시오. 신념을 가지시지 않고."

"신념만 있으면 죽을 사람이 모두 사나? 하필 고향에 와서 부모 앞에 참혹한 꼴을 보이는 게 괴롭다."

"그러시면서 화를 내서 쓰시겠소."

"내가 불효자다."

라고 형님은 말씀하고 입을 다물더니 누웠던 몸을 일어나 앉히면서,

"신념을 가지라고 했지! 내가 신념을 잃은 줄 아나? 역사의 방향은 정확

한 것이다. 비록 오기만이가 오늘날 죽지마는 이 신념은 죽지 않는 거야!"

백지장 같은 얼굴은 갑자기 상기가 되고 눈에서는 불길이 이는 듯하였다.

나는 이렇게 무서운 형님의 얼굴을 본 적이 없었다. 흥분을 참을 생각도 아니하는 것이 딱하여서,

"진정하시오."

하고 말렸더니 도리어 방바닥을 두 손으로 힘을 주어 누르듯이 자기 몸을 추석거리면서,

"진정하구 말구가 어디 있니. 며칠 남았다구. 일본놈을 게다짝만 들려서 조선땅 밖으로 내몰지 못하고 죽는 게 원통하다. 압박받는 민족의 해방을 못 보고 죽는 게 분하단 말이다…. 분하단 말이다."

하고 소리를 치는 바람에 부엌에서 어머니가 쫓아와서,

"왜 이러니. 진정해라."

하고 달래실 때에 그는 손을 들어 어머니를 방으로 불러들이고는,

"어머니 앉으시우. 내가 어머니헌테 몹쓸 녀석이었소. 허지만 어머니 한 분만 이런 꼴을 보는 게 아니예요. 조선 사람 중에 이런 사람이 많아요!"

"그러게 내가 언제 뭐라고 하더냐?"

하고 어머니가 눈물을 닦으시는 것을 보고

"어머니 이젠 내 화내지 않으리다."

형님은 조용히 대답하며 한숨을 쉬고 힘에 겨운 듯이 쓰러지듯 자리에 누웠다.

이튿날 아침 내가 서울로 오느라고 떠날 때에

"내가 며칠 남지 않았다. 아마 이게 우리 형제 마지막 작별일 거다."

고 뼈와 가죽만 남아 앙상한 손을 내밀었다. 마주 손을 내밀었으나 할 말

이 없고 눈물이 쏟아지는 얼굴을 차마 보일 수가 없어서 고개를 돌렸다.

"울 거 없어. 누구는 죽지 아니하나. 내가 생전에 네게 괴롬을 많이 끼쳤다."

고 말하였다.

모든 것을 단념하고 속이 텅 빈 듯하였다. 손은 놓았으나 내가 곧장 일어서지 못하고 주밋주밋하는 것을

"차시간 되었겠다. 어서 가라."

고 형님이 말하여 겨우 일어섰다.

이렇게까지 되기에 어머니와 아버지가 겪으신 모든 아픔과 슬픔, 참을 수 없으면서 참을 수밖에 없었던 모든 슬픔의 끝장은 드디어 오고 말았다.

팔월 스무사흗날 밤중, 외로운 산골 등잔불 밑에서 봐주는 이 하나 없이 어머니 아버지 두 분만이 아들의 머리맡에서 그의 운명을 보셨다.

이튿날 전보를 받고 내가 달려 내려가서 마당에 들어섰을 때 마루에 마주앉으신 두 분의 얼굴에서 나는 슬픔에까지도 지쳐 버리신 모습을 보았다.

"죽기가 이렇게 급하오? 이놈의 세월이 얼마 남았다고!"

관을 두들기며 내가 통곡할 때에 어머니가 달려와서,

"참아라, 어미도 참는다."

고 나를 붙드시었다.

관 뚜껑을 열고 나는 형님의 얼굴을 보았다.

열다섯 살 때부터 압박자에게 반항하여 옥중살이를 하고 열일곱 살때부터 해외 풍상을 겪어 온 그 얼굴이다. 분하다 분하다 하면서 결국 바라던 민족 해방을 보지 못하고 인생의 절반 서른세 살에 목숨이 지레 끊어진 그

얼굴이다.

눈물이 흘러서 그 얼굴에 떨어지건마는 이것도 모르는 채 고요히 눈을 감은 형님은 말이 없다.

"눈을 좀 뜨구려! 내가 왔는데….”

가슴에 품었던 투지를 다 펴지 못한 채 차마 어떻게 이 눈을 감았을까. 그 굳은 신념을 버릴 수 없는 채 차마 어떻게 이 눈을 감았을까.

숨은 졌는데 눈을 감겨도 잘 감지를 아니하여,

"못쓴다. 애비가 감기는 데 그럴 법이 없느니라.”

고 아버지가 책하실 때에 비로소 감았다고 어머니가 나중에 말씀하셨다.

손을 대어 보니 이미 싸늘하게 식은 얼굴이다. 그 끓던 피가 어떻게 이렇게 식고 그 열정이 모두 어디로 가고 이렇게 차디찰 수가 있을까.

눈을 감고 입을 다물고 모든 시름을 잊은 듯이 관 속에 누워 있는 얼굴 위에는 내 눈물이 흘러내렸다.

"울 것 없어. 누구는 죽지 아니하나.”

이십여 일 전 내게 하던 그 말이 지금 이 얼굴 임자의 입에서 나온 말이다. 지금도 그 말을 내게 하는 것만 같았다.

이튿날 초라한 상여를 꾸미고 다른 상두꾼들과 함께 나는 관의 한쪽을 부축해 들어서 상여 위에 실었다.

마당을 나설 때에 등뒤에서는 어머니의 울음소리가 들렸다. 나는 어머니의 이 울음을 이번에 두 번째 듣는 것이다. 2년 전에 오늘 이 슬픈 죽음의 주인공과 같은 운명의 길을 밟고 이 집에서 죽음의 길을 떠난 당신의 막냇사위 강기보(康基寶)*의 초상 때에도 나는 오늘처럼 그의 관을 부축해 들고 이 마당을 떠났었다. 그때도 어머니는 오늘처럼 우시었다. 오늘 이 초라한 장사도 2년 전 그때처럼 나와 내 아우 단둘이 건을 쓰고 대여섯 옛 친구가 따를 뿐이었다.

> 연경만리(燕京萬里)가 멀다 해도
> 갔다가는 올 적이 있더니
> 멀지도 않은 동구 밖 북망산
> 이번 가면 아주 가네.

> 백 년을 살고도 아까운 인생
> 큰 맘을 먹었던 청춘이랴.

> 대신 갈 수도 없는 길이라
> 이 길을 떠나면 영 이별이네

상두꾼 앞잡이도 이 상여 위에 실린 사람의 남다른 사정을 알아서 이렇

---

* **강기보(康基寶, 1905-1935)** 사회주의계열의 독립운동가. 오기영의 매제(妹弟)이다. 1926년 10월 평양 편리화(便利靴) 직공조합 발회식에서 축사를 했다가, 이를 빌미로 징역 6월을 받고 옥고를 치른 뒤 1927년 2월 출옥했다. 출옥 후 조선청년총동맹 평안남도 집행위원, 평양청년동맹 집행위원장, 신간회 평양지부 위원을 역임했다. 1927년 고려공산청년회에 가입했고, 같은 해 12월 고려공산청년회 평안남도책으로 선임되었다. 같은 시기 빈민구제를 위한 사회운동도 병행했다. 1930년 12월 조선공산당 검거사건으로 체포되어 1933년 2월까지 수감생활을 했다. 옥중에서 얻은 폐결핵으로 1935년 8월 21일 사망했다. 2007년 건국훈장 애족장을 받았다.

게 색다른 소리를 먹였다.

상여는 치악산으로 올라가서 내 매부 강기보의 무덤 앞에 내려놓았다. 설비 없는 시골에서 무리한 일이지마는 아들의 유언을 지켜 주자는 어머니 아버지의 뜻을 받아 여기서 화장을 지냈다.

나는 매부의 무덤 앞에 섰다. 일찍이 부모를 여의고 고아원에서 잔뼈가 굵은 그는 고향도 친척도 없는 사람이었다. 어려서부터 이미 착취계급에 대한 불만을 품어 계급 전선에 가담하였던 그는 러시아 공산대학을 졸업하고 국내에 들어와 지하운동을 하던 끝에 붙들려서 4년 징역*을 살았다. 워낙 병약한 몸이 옥중살이에 파리해진 몸을 다시 추세지 못하고 필경 폐결핵으로 쓰러진 것이다. 부모도 친척도 고향도 없는 고독한 사위는 장인 장모가 그냥 친부모요 처가가 제 집일 수밖에 없었다. 어머니가 이 가엾은 사위를 데려다가 1년 남아 병구완을 하시던 때는 오늘 이 무덤 옆에 놓여 있는 관 속의 맏아들은 아직 서대문감옥에 있을 때였다. 그도 어머니 아버지 두 분만이 앉아서 눈을 감기시었다.

그가 위독하다는 소식을 듣고 내가 보러 내려갔을 때는 강은 고개를 쳐들 기운도 없는 듯이 보였다. 그러나 그 정채 도는 눈만은 그냥 분명하고 정신은 말짱하였다. 도리어 그 정신은 더욱 맑은 듯도 하였다.

"결핵균이란 누구에게나 다 있대. 그놈이 몸 약해진 사람에게서는 일어서서 이렇게 사람을 잡는단 말요. 혁명운동을 하는 사람도 어디에나 가서 파묻혀 있어야 할 것이라고 생각하오. 그래야 기회를 잡을 수 있다고 생각하오."

---

* **4년 징역** 2년 징역의 오기(誤記). 강기보는 1931년 3월 치안유지법 위반으로 징역 2년을 선고받고, 1933년 만기출옥했다.

이 말은 내가 집을 떠나서 서울로 오던 날 아침에 강이 한 말이었다. 내가 집을 떠나고서 한 시간 뒤에 그는 숨을 거두었다. 그래서 내가 되돌아가서 그의 관도 내 손으로 오늘 형님의 관처럼 들고 등뒤에 어머니와 누이의 울음소리를 들으면서 집을 나와 여기에다 묻은 것이다.

옥고(獄苦) 빈고(貧苦)를 수월타고 웃으면서
겨레에 묶인 사슬 끊어 보려 애쓰더니
그 몸이 지레 지쳐서 먼저 넘어지는고

정(情)으로 꾸맨 옷도 사랑으로 끓인 밥도
왜 그리 연(緣)이 없어 전전유랑(轉輾流浪) 삼십 년을
오늘에 끝내고 보니 무주고총(無主孤塚)뿐인가.

달이 뜨게 되면 중총(衆塚)에 고르리니
외로운 무덤이라 슬픔이 더할 거냐
이 땅에 새날이 오면 다시 와서 울리라.

무덤을 짓고 떼를 입힌 뒤에 나는 그의 무덤 앞에 이런 노래를 붙였던 것을 생각해 본다. 그런데 다시 이 무덤 옆에 와서 나는 또 한번 슬픈 장사를 지내는 것이다. 비록 주인 없는 외로운 무덤이었다 하나 그래도 우로(雨露)에 차별이 있을 리 없어서 떼는 퍼지고 이렇게라도 찾는 때에 추억을 더듬어볼 대상이 되어 있다. 그러나 이제 형님의 뼈를 마지막 태워서 이 산골짜기 흐르는 물에 흘려 버리고 나면 장차 그를 위하여 어디 가서 슬픔을

풀어볼 곳이나마 있을 것이냐. 나는 형님의 관을 둘러싼 장작 위에 불을 다렸다. 손은 떨리고 눈에는 눈물이 흘렀으나 가슴속에서는 분노의 불길이 일었다. 장작 불길이 공중으로 타오르는 것처럼 내 가슴속에서도 불길이 일어나는 것이다.

이 죽음을 뜻있게 하는 날이 있어야 한다! 이 초라한 장사에 다시 비단 장막을 치는 날이 있어야 한다. 내 형님을 위하여서가 아니라, 이 거레의 수많은 가난한 백성의 해방을 위하여 이 죽음은 값있는 희생이 되어야만 한다. 그렇지 않고서야 누구나 죽는 그러한 죽음이라면 오늘에 아무 분격할 까닭도 없고 다만 인생의 허무를 느낄 뿐으로 족할 것 아니냐.

연기는 뭉게뭉게 하늘로 올랐다. 아득히 먼 하늘 위에서 훨훨 흩어졌다. 나는 그 연기를 타고 가는 형님의 혼을 보는 듯하였다. 필시 그 혼은, 그가 비록 죽지마는 죽지 않는다고 한 그 신념을 품고 지금은 괴로운 지옥과 같으나 장차 인민의 낙원이 되어야 할 이 땅을 골고루 굽어볼 것이라고 생각해 본다. 우리의 압박자 일본이 지금 그 최종의 무덤을 파기 시작하여 포연(砲煙)에 싸인 북중(北中)의 허공에도 이르를 것이라고 생각해 본다.

슬픔을 참을 수가 있었다. 장엄한 광경을 보는 듯이 나는 형님의 살과 뼈를 태워 가지고 공중으로 솟는 연기를 황홀한 마음으로 쳐다볼 수 있었다.

삼십 평생(三十平生)을 저 위해 안 사신 몸
병(病) 끝에 시든 뒤라 태우기를 애끼리까
설마야 혼(魂)이 타시랴 마음 든든하외다.

정(情)이 부질없어 사별(死別)을 슬퍼하나

저마다 어려운 거룩하신 이 죽음을
비단보 싸서 모시고 장(壯)히 알 날 있으리다.

허기야 지레 가심 여북 아니 분(憤)하리만
못다 펴신 뜻 뒤니을 자(者) 있으리다.
그 뜻을 이루기까지 나도 같이 싸우리다.

 장사를 마치고 산을 내려오면서 나는 소리 높이 이 노래를 읊었다. 맞은편 산이 이 노래를 되받아 넘겼다.

 여름 하늘에는 소나기를 실은 듯한 한 떼의 검은 구름장이 머리 우흐로 오락가락하였다. 그것이 형님의 혼에 부치는 내 노래를 쫓아서 모여 오는, 아까까지 공중으로 뭉게뭉게 올라가던 연기인 듯하였다. 차마 내 머리 위를 떠나지 못해 하는 형님의 뜻인 듯도 하였다.

 "한 소나기 쏟아지겠는걸. 얼른 내려갑시다."

 하고 상두꾼들이 나를 끌었다. 그러나 나는 그 소나기를 맞아야만 할 것 같았다. 그것이 어쩐지 형님의 지레 죽은 분한 맘이 쏟는 눈물 같기도 하고 나는 그 비를 몸에 흠뻑 맞아 보아야만 속이 후련할 것 같았다….

 내가 이러하였거든 하물며 어머니랴. 그로부터 8년 후, 그가 믿었던 그 대로 일본은 마지막 무덤 속에 쓰러지고 그가 내다보았던 그대로 세계전쟁은 끝나서 이 땅에 해방이 왔다. 그리하여 이제 와서는 순국열사요, 영광스런 죽음이 되었으나 그때 어머니의 가슴에 박힌 못은 영영 뽑을 수 없는 것이라고 나는 생각한다. 이러한 모든 슬픔은 어머니의 머리 위에 지나친 서리를 끼얹었다. 환갑도 되시기 전에 이미 백발이 되고 마신 것이다.

6. 아내와의 사별

그러나 어머니와 우리들의 앞길에는 아직도 많은 아픔이 기다리고 있었다. 그때그때 겪을 제는 그것이 고작인 듯하였으나 지내 놓고 보면 다시 새로운 고비가 또 가로놓여 있었다. 막냇사위가 남겨 놓고 간 단 하나의 혈육이었던 진금이가 3년 뒤에 죽되 하필 그 아비가 죽던 날 죽은 것도 이 손주딸을 필시 푸대접하는가 하여 제 아비가 찾아간 것처럼 어머니의 가슴을 아프게 하였다. 맏사위가 봉천(奉天)에서 죽고 의지할 곳 없는 맏딸이 오남매를 거느리고 볼상도 사나운 거지떼 모양으로 슬픔과 괴로움밖에 없는 친정을 찾아온 것도 다 당신의 마음을 아프게 하였다.

　그러나 그보다도 더 큰 불행이 언제나처럼 아무 예고도 없이 우리 집안을 찾아왔다. 내 아내가 무능한 지아비에게 철부지 오남매를 맡기고 이 세상을 떠나간 것이다. 나는 전에 어머니에게서 가끔

　"나는 너희 오씨 집에 문서 없는 종이다."

라는 말씀을 들은 일이 있다. 아내도 속상한 일이 생기면 흔히 이 말을 본받아서 같은 말을 하였다. 그러면 내가

　"문서가 왜 없어."

　"어디 그 문서 내놓으시오. 그래 어째서 내가 종이오?"

　"내가 언제 종이라구 했나. 자기 말이 문서 없는 종이라니 문서는 있단

말이지."

"그 문서 좀 봅시다 내놔요."

"밤낮 보낸 편지가 문서지 뭐야."

하고 내가 지지 않고 맞장구를 치면

"연애편지를 종 문서로 삼는단 말요? 그럴 테면 같은 종이 아냐?"

하고 아내는 대들었다.

"천만에! 내 편지야 상전 문서지."

"아이구 하느님 맙소사."

하고 기가 막힌 듯이 물러서곤 하였다.

"이런 걸 모르구 사랑합네 어쩌네 하는 달콤한 말에 속는 계집애들이 있으면 봇짐 싸들고 다니며 말려야겠소. 사나이들은 연애편지를 종 문서로 삼는다고!"

이렇게 살아오기 15년에 사실 그는 나와 우리 집안의 종보다 더한 고역을 치러 왔을 뿐 내게서 저고리 한 감 떠다 주는 것을 입어 본 일이 없었다.

제 손으로 돈을 벌어 보는 어려움을 아는 아내는 식모도 두지 아니하였고 끼니때에 급한 환자가 오게 되면 쌀 씻던 이남박을 놓고 물 묻은 손을 닦으며 행주치마를 벗고 가운을 갈아 입으면서 진찰실로 나가는 적이 종종 있었다. 그것이 보기에 딱하여서 식모나 하나 둘 일이지 이다지 영악스레 굴 것이 무엇이냐고 말하면,

"식모는 월급 3원만 주면 되는 줄 아시오? 먹여야 하구, 방에 불 때줘야 하구, 열곱 30원은 들어요!"

하고 나를 딱하다고 하였다.

"30원 쓰지 뭐, 그까짓거."

"말은 쉽게 그까짓 거요. 장작, 석탄도 내가 때는 것보다 흐픈 걸. 안팎으로 손해는 누가 물어 준답디까."

그러던 것이 더구나 형님의 죽음과 그 뒤에 몇몇 우리 친구들의 죽음은 아내에게 큰 충격을 일으킨 것이 확실하였다.

"우리도 이제는 죽을 때가 있을 걸 알아야겠소. 죽을 준비를 해야겠소."

이런 말을 가끔하였다. 내가 태평으로

"그럼 수의나 장만해 둘까?"

하고 빈정거리는 대답을 하면

"답답도 하오. 벌써 아이가 몇이오. 나는 과부가 돼도 곧잘 살 테야. 허지만…."

"허지만 어떻단 말야. 나는 못 산단 말야?"

"사흘만 죽어 보면 좋겠네. 어떻게 사나."

"옳다구나 장가가지."

"나 같은 바보가 이 세상에 또 있을 줄 아시는구려"

붓대나 쥐고 살았지 살림이 무엇인지를 모르는 남편이나, 장차 아이들을 위하여 아내는 지금 자기가 노력하고 아니하는 데 중대한 관계가 있음을 깨달은 듯하였다.

그러나 5원짜리 셋방에서부터 시작한 살림살이는 남의 빚을 지지 않고 살아가는 것이 고작이었다.

"언제나 편하게 살아 보나."

이것이 아내의 탄식이었다.

몸이 점점 쇠약해져 가는 듯하여 한약이라도 지어다 먹자고 하면

"약도 달여 주는 사람이 있어야 먹을 맛이 있지. 환자 치료하랴, 약 졸을

걱정하랴…. 고만두시오."

하기가 일쑤였다.

"내가 달여 주지."

"아이고 고만두시오 나는 그런 팔잔 못 타고 났답디다."

겨울마다 손은 얼어서 터지곤 하였다. 그도 어이없는 듯이 터진 손을 뒤집어 보면서

"이게 명색 의사의 손이야."

하였다. 경대(鏡臺)와 빗첩을 가져본 일이 없고 자미사 저고리 한 채가 없었다. 허지만 양단 두루마기를 떨쳐입고 자랑삼아 행길에 나서는 여인네들을 부러워하기는커녕

"저 호사를 하려니 남편을 얼마나 쥐어 뜯었을고."

하고 주저없이 비웃는 그였다.

그러나 이것이 그의 미덕인 줄을 알기는 하면서도 나는 불만하기도 하였다. 역시 나도 사나이였다. 제 아내가 머리 한번 단정히 빗지 아니하고 15년을 두고 보아야 기껏 옥양목 저고리에 검정 치마요, 색다른 옷을 한번 입어 보았을까, 얼굴에서 분 냄새가 한번 났을까. 밖에 나가는 일이 한 달에 한번 있을까 말까 하여 고무신 한 켤레면 2년은 신는 것을 그나마도 검정 고무신이었다.

다섯째 아이를 낳을 적에 시골서 어머니도 오실 수 없는 형편이기에 병원에 가서 해산을 하자고 내가 말하였다. 아내는 집에서 해산하는 경우 산파에게 줄 사례며 그 밖에 여러 가지 비용과 병원 삼등실에 입원하는 경우의 비용을 계산해 보고는 그리하자고 하였다.

막상 병원에 갔을 때에 아내가 먼저 말한 삼등실은 빈 방이 없었다. 이

등실에 들기로 하고 이미 산기가 있어서 갔으므로 바로 산실로 들어가는 것을 보고 나는 집으로 돌아왔다. 새벽에 아들을 낳았다는 전화가 있은 뒤에 그날 오후에 간호부에게서 다시 전화가 왔다.

이등실에 들었던 산모 중 그날 아침 퇴원할 예정이던 이가 열이 생겨서 퇴원하지 못했기 때문에 방이 없는 것, 일등실이 있으나 산모가 주저하며 저녁에 날 삼등실을 기다리노라고 아직 그대로 산실에 있으니 어찌하면 좋으냐고 묻는 것이었다. 일등실로 곧 옮기라고 대답을 하고 병원으로 쫓아갔을 때에 아내는 웃으면서

"오래간만에 아들을 낳았더니 한턱 쓰시는구려."

하였다. 그러나 그는 삼등실에 닷새 있을 예정이던 것을 일등실에 있은 값으로 사흘 만에 퇴원하여 집으로 돌아왔다.

이러한 것이 다 나에게는 마음으로 한편 갸륵하면서도 불만이 적지 않았다. 물론 그가 오늘날까지 써야 할 돈에 인색한 적은 한번도 없었다. 형님을 위하여 지하운동에서부터 감옥살이, 최후의 치료비까지를 벌어 댄 계수요 아우를 위하여는 중학에서부터 대학에까지 학비를 벌어 댄 형수였다. 자기가 시집도 오기 전에 시아버지가 맏사위네에게 졌던 빚 때문에 내가 속상해하는 것을 알고는

"사둔집에 빚을 지고야 체면이 무엇이오."

하고 나 몰래 모아 놓았던 저금통장을 내놓았다. 전쟁통에 금(金) 사용을 금지한 뒤 마침 이를 뽑고 치료 중이던 시어머니를 위하여 선뜻 결혼반지를 녹여서 금니를 만들어 손수 끼워 드린 며느리였다.

"전쟁이 한 백 년 갈 줄 아나? 결혼반지는 왜 녹여."

하고 내가 책하였을 때 그는

"전쟁 끝나거던 다시 결혼식 합시다그려. 그땔랑은 좀 굵은 반지를 해내요. 창피스레 3원 60전짜리 결혼반지가 어디 있담."

하고는 태연하였던 아내다. 명분이 서는 곳에 그는 인색한 적이 없었다. 제 돈이라 하여서 애끼고 감추고 하는 일이 없는 대신에 그는 가난 속에서 벗어날 수 있으면서 벗어나지 못한 것이다.

실상 그렇기 때문에 그는 살림을 기껏 줄이려 들고 제 한몸을 위하는 모든 비용은 무섭게 줄였다. 이것이 그가 여자이건마는 모든 차림차림이 여자다울 수 없게 하는 원인이요 때로 그가 여자이기를 바라는 내 사나이의 마음에 불만을 주었다.

"나는 중성(中性)과 사는 게야."

하고 한탄하는 일도 있었다. 그러면 아내는

"돈을 많이 벌어 와요. 나도 편안히 앉아서 곱게 단장하고, 아양도 떨고, 다 할께니."

"떨어 보지 못한 아양이 나와?"

"걱정 말아요 아주 아양을 떨어도 잘 떨어 볼 테니 돈만 벌어 와요."

"허지만 월급 주는 데서 조끔 주는 걸 어디 가서 많이 가져오라는 거야."

"조끔도 괜찮으니 받는 대로나 가져와요."

"그럼 난 무얼 쓰구."

"그러면서 곱게 차리지 않는단 무슨 투정이시오."

"그래도 같은 월급쟁이 아내들만도 못하니 말이지. 할 줄 모르면 할 줄 모른다고 바루 말해."

"왜 할 줄을 몰라. 모르는 건 전당포 출입이오. 그건 참 할 줄 몰라."

이렇게 살아온 살림이다. 여섯 번째 임신을 한 지 여덟 달이나 되는 십

이월 스무하룻날 저녁 연말 상여금 봉투를 들고 들어갔을 때에 아내는 몹시 기뻐하였다. 둘이 만나서 간구한 살림을 살아온 15년에 처음으로 1천여 원의 여유를 가지고 과세를 하게 된 기쁨이었다. 이대로만 가면 명년 일년만 더 고생하면 빚 3천 원을 갚고 은행에 들어 있는 집문서를 찾아 내올 수 있을 것이요. 그다음부터는 아이들의 교육을 위해 저축을 할 수 있을 것이라고 그는 좋아하였다. 이렇게 천진난만하게 생활의 장래를 꾸며 보며 기뻐하기는 처음이었다. 그러나 이것이 마지막 기쁨일 줄은 운명을 볼 줄 아는 눈이 아니고는 알 수가 없었다.

그 이튿날이었다.

늦게까지 회사에 남아 있는 나에게 아들에게서 전화가 왔다. 어머니가 편치 않으니 빨리 들어오라는 것이었다. 술추렴을 나설까 봐 불러들이는 꼬임수가 아닌가 의아하면서도 내가 바로 집으로 들어갔을 때에 아내는 바느질 꾸레미를 벼개 삼아 아랫목에 꼬부리고 누웠다가 일어나 앉았다.

"몸이 좀 붓는 듯하고 괴롭기에 병원엘 갔더니 신장염이라고. 심장도 퍽 약해졌대나. 어쩌면 조산(早産)을 해야 할까 부다구."

"거 잘됐다. 다 늦게 아이는 무슨 아이냐구 내 안 그래?"

"남은 걱정스러 죽겠는데 빈정대기는."

하면서 아내는 원망스런 눈을 흘겼다. 정말 얼굴이 푸석푸석하였다. 언제나 좋아 본 일 없는 얼굴이지마는 더욱 야위고 기운이 빠진 것 같았다.

'내가 너무 무심하였다.'

고 후회스러움이 가슴을 어둡게 하였다. 그날 밤 따라 좀처럼 잠이 오지 않았다. 지나간 15년 그의 고생살이가 새삼스럽게 느껴져서.

'내가 너무 무심하였다.'

는 후회를 아무리 여러 가지 핑계로 쫓아 버리려 하여도 쫓아지지 않았다. 새벽녘에 아내가 잠이 깨었는지 안방의 기침 소리를 들으면서 끝없이 가엾은 생각과 조산을 해야 할까보다고 하였다는 의사의 말이 몹시도 불안하여

'내일은 같이 병원을 가 보리라.'

고 작정하였다. 이튿날 아침 일어나면서 얼른 조반 먹고 병원을 가 보자고 하였더니 아내는 놀랍다는 듯이

"별일이야! 오늘은 해가 서쪽에서 뜨우?"

하고서는 다시

"내가 죽을 때가 왔나 봐. 병원엘 다 가 보자는 말씀을 들을 젠…."

자기를 위하여 걱정하느라고 내가 밤새도록 자지 못하였노라는 말에

"아이 고마워라. 괭이 쥐 생각하시는구려."

하였다. 이만하면 기분도 괜찮은 듯하니 그전 같으면 나는 나대로 밥이나 먹고 그대로 회사에 나가도 좋았겠는데, 어쩐지 밤새도록 머리에 굳어 버린 걱정과 가엾은 생각에 그대로 병원을 가자고 주장하였다.

"글쎄 웬 고집이시오 괜찮다는데."

하고 그냥 심상히 앉았는 것을 마침내 화를 내어 끌고 나섰다.

내가 인력거를 불러 가지고 집에 왔을 때에 아내는 문간에 나서서 기다리고 있었다. 마침 세 살짜리 상언이가 쫓아 나와서,

"엄마 어디 가?"

하고 두루마기 자락을 붙들었다.

"엄마 병원 간다. 이따가 사과 사 가지고 올게."

"얼른 와!"

"응, 얼른 올게. 울지 말고 누나하고 놀아라."

이것이 이 모자간에 이 세상에서 마지막 작별일 줄은, 좀 있다가 사과 사 가지고 올 것을 약속한 사람이 유골이 되어 돌아오게 될 줄은 그나, 나나, 모두 알 길이 없는 일이었다.

먼저 H병원으로 갔다. 그가 진찰실로 들어간 지 한참 뒤에 H선생은 환자의 소변을 검사한 유리관을 든 채 통통걸음을 치며 놀라고 황겁한 얼굴로 나를 쫓아왔다.

"이거 보셔요 큰일났어요."

나는 가슴이 덜컥 내려앉았다. 의사이기보다 가정적으로 친한 사이기 때문에 그의 황겁한 행동이 내 아내의 운명에 관련되는 것이라고 깨달은 것이다.

"곧장 수술해야 해요. 시각이 급해요."

하고 환자는 지금 자간(子癎)*을 일으킬 위험 상태에 있는 것, 혈압이 높아져서 그대로 안정되기를 기다릴 수 없는 것, 곧 수술하면 두 생명을 다 구할 소망이 있으나 시간을 놓치면 절망인 것을 흥분하며 말해 주었다. 이 경우에 H 선생은 의사이기 전에 먼저 여자였다.

"수술하게 되면 허는 거지 어쩔 수 있습니까."

하고 내가 말하는 것을 H 선생은

---

* **자간(子癎)** 경련과 혼수를 주증세로 하는 임신중독증의 일종. 일어나는 시기에 따라 임신자간, 분만자간, 산욕자간으로 구분하는데, 분만자간이 가장 많고 계절적으로는 겨울에 많다. 대개는 발작에 앞서 전조가 등장하는데, 두통·현기증·구토·시력장애·혈압의 급격한 상승 등이 나타난다. 발작을 반복함에 의해 모체의 사망률 10~20%, 태아의 사망률 35~40%로 알려져 있는 임신중 가장 두려운 병의 하나이다.

"아이고 나는 못 해요. 친구 새에 손이 떨려 못 해요. 의전병원에 소개해 드릴 께니 얼른 가셔요."

하고는 간호부를 시켜서 일변 의전병원에 전화를 걸며, 소개장을 쓰며

"몸이 그 지경이 되도록 모르고 있는 수가 어디 있어."

하고 우리를 원망하듯 나무랬다. 나도 인력거를 불러 타고 아내 탄 인력거를 앞세우고 의전병원으로 갔을 때에 산부인과 과장은 소개장을 읽고는 진찰하던 환자를 잠깐 뒤에 다시 보자고 내보낸 뒤에 곧장 아내의 진찰을 시작하였다. 혈압을 재느라고 혈압계를 팔에 매고 재어 보다가,

"호오, 300!"

하고 기막히다는 듯이 탄성을 발하고는 옆에 섰는 간호부에게

"수술실 준비는?"

하고 물었다.

"다 준비되어 있습니다."

하는 대답에

"다행으로!"

하며 비로소 나에게 얼굴을 돌리고 이렇게 말했다.

"H 선생의 소개에 의하면 부인은 신분이 의사이시니까 이해하실 줄 압니다. 지금 부인은 임신 중에 자가중독(自家中毒)을 일으켜 위기에 있습니다. 수술은 퍽 쉽고 또 어린아이 생명까지도 구할 수 있습니다. 만일 자간(子癇)이 발작하면 도리가 없는 겁니다. 오늘이 마침 수술일이라 미리 준비된 것이 부인을 위하여 큰 도움입니다. 수술하십시다."

수술하십시다 하는 말은 거의 명령적이었다. 내가 미처 대답을 못하고 진찰대에 누웠는 아내를 내려다보았더니 그는

"수술해 달라고 그러시오."

하고 오히려 심상한 태도였다. 그 자리에서 관장을 하고 구루마에 실려 수술실로 들어갔다. 수술실 문간에까지 내가 그의 구루마 곁을 따라갔을 때에

"어서 입원실이나 정하구, 산 아이를 끄내면 둘러쌀 포대기나 준비하시우. 별일 있을라구."

하면서 그러한 준비를 위하여 책임을 맡았다고 하는 간호부에게 거즈로 눈을 가린 얼굴을 들어서

"부탁합니다."

하고 수술실로 들어갔다.

이것이 모두 집을 떠나서 한 시간 새에 생긴 일이다. 꿈만 같아서 손등을 꼬집어 보아도 꿈은 아니다. 어처구니 없는 일이다라고 입맛을 다셨다. 30분쯤 뒤에

"응아 응아 응아."

하는 어린애 울음소리가 수술실 문 밖에 섰는 내 귀에 들렸다. 이 아이 울음이 내 가슴을 좀 가라앉히었다. 10분쯤 더 지나서 온 얼굴에 땀이 솟은 간호부가 아이를 들고 나왔다. 우선 아내가 벗어 놓은 치마에 둘러싸면서

"아드님이야요. 조산이지만 퍽 발육이 좋고 체중도 떨어지지 않는다고 선생님이 기뻐하셨어요."

하였다.

"아들!"

아들을 낳기는 하였다. 우리는 아들 둘과 딸 셋을 기르는 중이다. 그래서 이번에 아들을 낳으면 삼남 삼녀로 이상적이려니와 만일 또 딸을 낳으

면 딸은 아들의 곱쟁이가 되니 잘 알아서 낳아야 된다고 내가 말해 온 것이다.

"것두 억지루 하우?"

하고 아내가 어이없어 할 때면 나는

"몰라, 책임지구 낳아야 돼."

그렇게 말하던 아들을 낳기는 하였다. 그러나 이렇게 수선을 피고 목숨이 왔다갔다하면서 낳고 보니 반가울 경황도 없었다.

다시 얼마 지나서부터는 아내의 소리가 밖으로 흘러나왔다. 마취제가 차츰 깨는 모양이라고 나는 생각했다.

"상언아….'

"상언아….'

"사과 사다 줄게 울지 말아….'

이런 소리가 나올 때마다 문밖에 섰는 나는 가슴을 우벼 내는 듯하였다. 억지로 문틈으로라도 들여다보고 싶으나 육중스런 문은 틈이 없고 부질없이 이마를 문짝에 비빌 뿐이다.

'재각 재각 재각'

가위질 소리가 재게 들리기 시작한다. 이것이 어디 먼 곳에서 들려오는 것도 같고 또 어찌 들으면 내 창자를 끊어 내는 가위질 소리 같기도 하다.

얼마 지나서 수술실 문이 안에서 활짝 열렸다. 수술복을 입고 고무장갑을 낀 과장이 땀과 피투성이가 되어 먼저 나왔다.

"수고하셨습니다."

고 내가 인사할 때에 그는

"아드님을 보셔서 축하합니다. 이젠 수술 경과만 좋으시기를 바랍니다."

하였다. 뒤따라 조수들이 나오고 간호부들이 아내가 누운 구루마를 끌며 나왔다. 아내는 문밖에 나오면서 팔을 휘저었다. 나를 찾는 것인 줄 알고 내가 그의 손을 잡았을 때 그는 전신의 힘을 모두 손에 모으는 듯하였다. 얼굴은 온통 땀바가지다. 아픔을 참느라고 거의 찌그러진 얼굴이다.

'세상에 이러한 아픔이 있을까.'

고 나는 생각하였다.

밤새도록 아팠다. 단 일분일초도 아픔은 가라앉지 않는 듯하였다. 그러나 정신은 말짱하여 내가 어린아이를 안아다가 보여주었더니

"아들이라 맘이 시원하시오?"

하였다. 편안하게만 낳았으면 정말 맘이 시원하였겠다는 나의 대답에

"두 달이나 더 두고 궁금할까 봐 미리 낳지 않았소."

하며 그도 이 일이 무슨 꿈만 같다고 하였다.

그러나 경과는 반드시 기다린 것처럼 좋지는 못 하였다. 첫째로 주치의사의 입에서 쾌한 말이 나오지 않는 것이 나의 걱정이었고 불길한 예감을 일으키었다.

어쩐지 환자의 상태는 자꾸 좋지 않은 쪽으로 기우는 것만 같았다. 호흡이 곤란해 가는 것이며 맥박이 빨라 가는 것이며 정신을 잃은 듯 이몽가몽하는 적이 많아 가는 것이며 모두 심상치 않은 증세다.

그래서 하루는 조용히 주치의를 찾아보고 물었다.

"자간 독소는 수술하기 전에 이미 퍼졌던 모양이고, 혈압이 내리지를 않아 뇌일혈이 일어날 염려가 있습니다."

라고 비로소 말한다. 바로 그날 밤중에 그는 뇌일혈을 일으켰다. 마침 딴눈을 팔고 있던 나를 간호원이 쿡 찌르는 바람에 눈을 돌렸을 때 나는 운

명(殞命)하려는 그의 괴로운 모양을 보았다.

간호원은 당직 의사를 부르러 가고 나는 그에게 캄풀을 주사하였다. 그가 다시 정신을 차려서 주사 주는 사람이 의사가 아니라 난 줄을 알고는

"당신이 무얼 놓는다고 그러시오 고만두시오."

하고 사양은 하면서도 팔은 내맡기었다. 당직 의사가 불려왔으나 학교를 갓 졸업하고 더구나 초저녁부터 술이 취했는 듯한 이 젊은 친구로서는 어쩔 길이 없는 듯하였다. 다만

"임종이 가깝습니다."

할 뿐이었다. 집에 전화를 걸어 아들 경석이와 아우가 달려왔다. 그때는 벌써 맥은 끊겼다 이었다 하고 있었다.

그래도 정신은 맑았다. 누구나 죽는다지만 설마 자기에게 이렇게 쉽게 죽음이 올 줄은 몰랐다고 하였다. 그러나 다시

"이왕 죽는 마당에서 허둥거리면 무얼하오."

하고 고요한 태도를 표시하였다.

"여보, 경석이가 왔소. 무슨 할 말 없소?"

"없어요."

하고 눈을 감은 채 이제는 잠을 기다리는 사람이 옆에 두런거리는 것을 귀찮게 여기는 듯한 조용한 목소리였다.

"그래두! 경석이가 왔소. 경석이 삼춘도 오구."

그는 다시 대답이 없다. 내가 안타까이 그의 손을 끌어다가

"경석이에게 무슨 할 말 없소? 손이라도 한번 잡으시오."

할 때에 그는 내게 끌린 손을 들어서 아들의 손을 잡았다.

"경석아 네가 이 집 맏아들이다. 네 책임이 중하다."

"경석이 삼춘, 아이들 좀 잘 돌봐 줘요. 어서 장가도 가고. 내가 야속스레군 일이 많았지? 다 용서해요."

아들도 울고 아우도 울었다. 그러나 이런 울음도 들은 듯 만 듯 조용한 태도로 두 손을 들어 합장하였다.

"내 생전에 고맙게 해 준 이들 다 복을 받으시라고, 내가 야속스럽게 한 이들 다 나를 용서하시라고."

하며 합장하는 뜻을 설명하였다. 그리고는 다시

"간호부 여러분 수고하셨습니다. 선생님께도 말씀해 주서요."

하고 합장한 손을 흔들었다.

"두 달만 지내면 경석이가 중학생이 될 걸, 그걸 못 보고 간단 말요?"

하는 나의 말에 그는

"유치원두 못 들어간 상언이두 있구, 엊그제 난 핏덩이도 놓구 가야 하는데 그게 무슨 한이오. 세상에 한 없는 죽음이 어디 있겠소."

하고는 입을 다물었다. 이때에 급한 기별을 받고 주치의사인 과장이 집에서 달려왔다.

"김 선생, 과장 선생님 오셨어요."

하고 간호부가 그의 몸을 흔들며 정신을 차리라고 할 때에

"선생님 미안스럽습니다. 보셔서 아무래도 죽을 사람이면 그냥 내버려 둬 주세요."

이 말에 의사는 아무 대답도 아니하고 맥을 보고 나서

"김 선생, 병중에 이만한 위기는 얼마든지 있는 겁니다. 걱정 마십시오. 내 이제 수혈을 해 드리리다."

밤중에 피를 얻는 수가 없었다. 그러나 수혈을 지망하는 사람이 둘이나

나섰다. 나는 이미 혈형(血型)이 맞지 않아 허는 수 없었지만 내 아우와 간호원 한 명이 선뜻 나선 것이다.

이리하여 이날의 위기를 벗어났다.

아침에 내가 그의 손을 붙들고

"이제는 내 다시 고생시키지 않을게 살기만 해요."

하였을 때 그는 비장한 얼굴로 이렇게 말했다.

"고생이 더하드라도 내가 살아야겠는데… 살기는 살아야겠는데!"

그러나 하루하루 지낼수록 점점 더 병세는 절망 상태로 기울었다. 자간 독소로 인하여 앞을 보지 못하고 의식은 없는 때가 있는 때보다 많았다.

보름 만에 먼저 아이가 죽었다. 차라리 이것이 죽고 그 어머니를 살릴 수 있다면 죽어도 아깝지 아니하다고 생각하였던 아이요, 그가 전생에 무슨 업원(業怨)이 있어서 내 아내의 목숨을 앗으러 온 것인가 밉기까지 하던 아이였다. 허나 이것이 난 지 보름밖에는 안 되지만 막상 숨이 끊길 때는 역시 괴로운 빛이 그 얼굴에 나타남을 보고 나는 무척 가엾음을 깨달았다.

더구나 이 자간이라는 병은 어째서 생기는가 하는 데 대하여 주치의에게 들은 지식에 의하면 태중에 영양을 잘 섭취하지 못한 때문이라고 한다.

"그래서 이 병은 빈민층에 많지요."

할 때에 나는 부끄러움에 얼굴은 홧홧 달고 속은 칼에 찔리우는 것 같았다.

환자 자신이 치과의사가 아니냐. 남편이라는 너도 커다란 회사의 간부가 아니냐. 중등 정도의 생활은 할 것이 아니냐. 그런데 이 병에 걸렸단 말이냐 하고 의사가 빈정거리는 것 같았다. 그러나 의사는 나의 이 부끄러워하는 눈치를 채었는지 못 채었는지,

"그런데 이번 전쟁 중에 이 병이 전반적으로 성행하고 있습니다. 전쟁 중에 임부(妊婦)를 보호하며 그들의 영양 상태를 보장하는 특별한 방책이 있어야겠다구 나는 지금 통계를 작성 중에 있습니다."

하였다. 이런 것을 생각할 때에 이 죄 없는 한 생명도 지금 제국주의 침략 전쟁에 희생되었고나 하는 생각이 들었다. 만일 내 아내도 필경 죽고 만다면 그도 일본놈의 전쟁에 한 희생이 아닐 수 없으니 더욱 분하고 억울하였다.

맞은편 침대에 아내가 정신 없이 누워 있는 것을 조심스럽게 돌아보면서 나는 아들의 시신을 끌어안았다.

'세상에 나왔다 이름도 가져 보지 못했고나.'

하면서 몹시 측은한 정이 들었고 차라리 어서 죽기나 했으면 하던 생각이 몹시 후회스러웠다.

그러나 부질없는 일이다. 이미 이 아이는 산목숨이 아니다. 이렇게 놔둘 것이 아니라 얼른 치워 버려야겠다고 포대기에 싸서 들고 병실을 나서려 하는데 등뒤에서 아내가 나를 불렀다.

"어디로 가져가오?"

나는 마음이 선뜩하였으나

"목욕시킬 시간야."

하였다. 그러나 놀랍게도 아내는

"내가 왜 모르나 걔가 죽은 줄. 그걸 어떻게 할 테야요?"

"이왕 죽은 걸 어찌하오. 치워야지."

"병원에 내주시오. 태워 버리면 무얼하오."

"병원에?"

하고 나는 뜻밖의 말에 다시 놀랐다.

"예. 그것도 인생으로 세상에 나왔다가… 아무 보람 없이 타서 없어질 바에야. 병원에 내주시오."

나는 아내의 말을 알아들었다. 얼마나 귀한 뜻인가. 얼마나 태연한 말인가. 이러한 고귀한 생각이 이 여자의 마음속에 있는 줄을 15년을 같이 살면서도 알지 못한 나는 얼마나 어리석은 사람이었던가. 가슴은 감격에 북받쳐서 나는 아이 시신을 침대에 내던지듯 내려놓고 아내에게 쫓아가서 그의 목을 얼싸안고 그 얼굴에 내 얼굴을 비볐다. 참을 수 없이 눈물이 흐르고 울음소리까지 터졌다.

"어서. 어서 갖다 줘요."

내가 그의 뜻을 산부인과 과장에게 전하였을 때 과장도 감격한 뜻을 표하였다.

그리고는,

"원래 팔삭동이는 흔히 삽니다. 더구나 조선 풍속에 시신을 해부용이나 보관용으로 내어주는 이가 있습니까? 얼마 전 쌍태를 가진 이가 역시 자간병으로 무료 환자실에 들어왔는데 한 아이는 살고 하나는 죽었어요. 무료 환자라 처음 약속도 있고 하여 시신은 병원에 제공하라 했더니 환자가 미칠 듯이 날뛰어서 못 얻었지요. 갖다 태웠다드군요."

하고 특별 병실 환자에게서 더구나 환자 자신의 뜻으로 이것을 받을 줄은 생각도 못했던 듯싶었다. 그래서 그는 간호부를 데리고 직접 병실에 와서 아내에게

"선생의 고매한 과학 정신에 진심으로 경의를 표합니다. 이 귀하신 뜻에 의하여 이 아이의 시신이 장래 조선의 산부인과 의학의 발달에 기여함이

있고 여러 산모들의 불행을 방지하는 공덕이 있을 것을 확신합니다."

하였다. 말을 알아들었다는 듯이 고개를 끄덕이는 아내의 눈에서는 두 줄기 눈물이 흘렀다. 입원한 후로 그가 처음 흘린 눈물이었다.

과장 선생은 친히 아이 시신 앞에 가서 합장하여 명복을 빈 후에 붙안아 올려서 간호부에게 내어주고 다시 아내에게 고개를 숙이고 물러갔다.

그날부터 병원의 대우는 아주 달라졌다. 이튿날은 원장이 직접 와서 병위문을 하며 환자에게 경의를 표하고 옆방의 환자를 다른 방으로 옮긴 뒤에 위문 오는 이들을 위하여 나의 응접실로 쓰도록 하여 주었다. 산부인과 김(金)의사는 우리를 위하여 집에 돌아가지 아니하고, 매일같이 나와 함께 밤을 새어 그 좋던 얼굴이 쪽 빠져 버렸다.

그러나 이러한 융숭한 대우도 죽음을 막아 내지는 못하였다. 입원한 지 42일 만인, 2월 2일 정오에 그는 숨을 지었다. 고생이 더하더라도 살아야겠다고 하던 그는 이로써 고생의 끝을 마쳤다.

그가 운명한 뒤에 눈을 감겨 놓고 나는 비로소 그 얼굴에서 안식을 보았다. 수술하던 날의 그 아픔, 42일 동안의 그 고르지 못하던 호흡, 젖가슴까지 줄창 펄떡거리던 심장의 과격한 고동에서 그는 비로소 안식을 얻은 것이다.

그뿐이 아니다. 인생이 도대체 괴로운 것이라면 그의 38년의 생애가 모두 괴로운 것일지 모르지마는 그래도 어려서 그는 고명딸로 부모의 귀염받이였던 것을 나는 안다. 학교 시절에는 그의 가슴에도 처녀의 화려한 꿈이 서려 있던 것을 나는 안다. 허다면 이 세상의 험하고 궂은 고생이란 결국 나와의 15년 결혼 생애를 통하여 겪은 것인데 이제 그 고생이 끝났다.

수백 명 친지가 모여서 장례식을 치러 주었다. 전쟁이 시작되기 전에 이미 붓을 뺏기고 머리 깎고 각반 치고 장사하는 회사에 들어가 처박혀 있는 나를 가엾이 알아주는 이들과 아내에게서 치료를 받았거나 이를 해 넣은 이들이 부고도 없는 이 장례를 어떻게들 알고 찾아와 준 것이다. 3·1운동 독립만세 때 33인의 한 분인 만곡(晚谷) 선생이 오셔서

"가난한 사람이 부의는 낼 수 없고, 내가 명정을 쓰러 왔지."

하고 붓을 들어 명정을 써 주실 때 나는 감격하였다.

그러나 죽은 이에게 이것이 무슨 호산가. 호강에 물린 사람들도 사별을 아끼거든 고생에 지치고 지쳐서 지레 죽지 아니하였는가.

화장터에서 다 타기를 기다려서 쇠아궁을 끌어냈을 때에 이글이글하는 불 속에 하얗게 타고 남은 뼈를 보면서 나는 새삼스럽게 무상(無常)을 느꼈다.

뼈를 주울 때에 화부가

"조심해서 이를 다 골라 넣으시오."

하였다. 그 까닭을 물었더니,

"이를 다 모아 거두지 못하면 저 생에서 이가 없어 고생한답니다."

하기에 서슴지 않고 그걸랑은 염려없다고 하였다.

'3만 명 이상의 이를 고쳐 주었으면 설마 그만한 공덕이야 못 되랴.'

싶었던 것이다. 더구나 어금니 두 개를 빼고는 자기 이를 만들 틈이 없어서 반년이나 그냥 지내다가 그대로 죽었으니 다 골라 낸다 해도 어금니 두 개는 모자라는 것을 나는 생각하였다.

유골을 거두어서 유리 상자에 담고 보에 싸서 가슴에 붙안으면서 나는 다시 한번 허무함을 느꼈다.

　　무상(無常)이 무엇인가 아는 듯이 몰랐더니

타다 남은 뼈를 거두면서 알았노라

제행(諸行)이 여시(如是)라 하니 웃으라는 말인가.

오백생(五百生) 별러별러 한번 얻은 부부연(夫婦緣)을

겨우 반생(半生)에 이리 끊어 옳을 건가

내생(來生)을 믿자 하오나 남은 반생(半生) 어쩌랴.

아내가 죽은 뒤에 나는 비로소 아내라는 것이 얼마나 귀하고 중하다는 것을 깨달았다. 죽는 것보다도 살아서 고생한다는 것이 얼마나 더 어렵고 힘드는 노릇인 줄도 깨달았다.

"나는 과부가 돼도 곧잘 살 테야. 허지만…."

하던 아내의 말이 생각났다. 아이들을 위해서도 분명히 내가 죽고 그가 살았어야 옳을 것이었다. 물론 고생에 지쳐서 지레 죽은 조강지처라, 그가 가엾고 불쌍한 마음이 살을 에이는 듯하지마는 그는 이미 그 지긋지긋한 고생이 끝났고 무능하고 죄 많은 내가 살아남아 헤아릴 수조차 없이 아득한 앞날의 고생을 외로이 겪어야 할 것을 생각할 때에 죽음보다 산다는 괴로움이 얼마나 더 어렵다는 것을 깨달았다.

너는 일생(一生)이나 내게는 반생(半生)인 걸

같이 가던 길 혼자 외로이 어찌 가랴

오남매(五男妹) 남겼다 하나 글로 더욱 고단해라.

철없는 오남매와 무능한 나를 두고

간 곳이 극락인들 그 맘이 편할 거랴

연화대(蓮花台) 오르라 해도 고개 다시 돌았으리.

죽은 님이 가엾으냐 살은 내가 불쌍하냐

억지로 갈린 몸에 둘이 같이 불쌍하다

바라서 될 수 있으면 바꿔 보면 어떠리.

　그러나 할 수 없는 일이었다. 유골을 머리맡에 놓아두고 왜 죽었는가를 아무리 물어도 소용이 없고 대답도 없었다. 더구나 공습경보가 가끔 들리는 판에 더 두어 두는 수도 없었다.

꽃으로 장식하고 향화(香火)로 받드오나

타다 남은 뼈라 아시기나 하옵는가

생전에 다 못한 정을 펴 볼 길이 없구려.

빠르다 어느 틈에 가신 지 백 날이라

새 향을 피워 놓고 명복을 빌잤더니

제대로 빌기도 전에 눈물부터 앞서라

　할 수 없이 그가 죽은 지 백 날 만에 묘지에 묻었다. 재작년 추석에 친한 이의 성묘를 갔을 때 시원한 경치에 아내는 마음이 황홀하여

　"나도 죽으면 이런 데 묻어 줄 테요?"

　하기에 내가

"걱정 말구 죽으라구."

해서 일행을 웃긴 일이 있었던 망우리(忘憂里) 묘지다. 낮이건만 인적도 없는 이 산속은 무척이나 고요하다.

"여기가 망우리요."

하고 가슴에 안긴 유골 상자를 만져 본다. 대답 대신 보재기 속에서 싸늘한 유리의 촉감이 있을 뿐이다.

> 세월이 얼마 되랴 나도 같이 흙일 것을
> 그래도 정이로다 어리석은 정이로다
> 무덤에 풀옷 입히며 눈물 다시 새로워라.

이 비명(碑銘)이 그를 위하여 마지막 붙인 나의 애끓는 노래였다.

색즉시공(色則是空), 공즉시색(空則是色)이 본래의 법(法)이라 하오며 제법(諸法)이 여시(如是)라 하오니 아무리 전생(前生) 다생(多生)에 차마 끊기 어려운 연(緣)이 있었다 할지라도 일단 금생(今生)의 연이 끊어진 바에야 무상(無常)을 아는 자(者)여든 무언(無言) 무읍(無泣) 묵연(默然)히 장(葬)할 것이옵거늘 이 어리석은 가유자(假有者) 어리석은 정이 움직여 또다시 울었습니다.

비록 남의 반생(半生)에 비길 만하여 너무 짧았음을 어이없다 하지마는 그의 일생이 이타(利他)로 일관한 보살행(菩薩行)이었으니 행(幸)여 그 공덕에 갚음이 있다 하면 그로 하여금 금생(今生)으로써 생의 마지막이 되고 금사(今死)로써 죽음의 끝을 막아서 다시는 나지도 않고 죽지도 않도록 생사고해(生死苦海)로부터 해탈하기를 바랄지언정 애별리고(愛別離苦)를 운다는 것이 당(當)치 아니하오며 내가 겪는 이 슬픔은 다 그 업인(業因)이 있음을 체관(諦觀)해야 마땅하옵거늘 어리석은 눈물이 걷잡기 전에 흘렀던 것입니다.

하고 저녁에 집에 돌아와서 나는 유골이 놓였던 책상 위에서 R 선생에게 이런 편지를 썼다.

만나는 이마다 집안 형편을 물어보고 아이들은 잘 있느냐고 물어준다. 한끝 고마우면서도 이것이 나에게는 견딜 수 없는 슬픔이었다.

'어찌하여 나는 남에게 동정을 받는 몸이 되었는가. 내 자식들은 남에게 불쌍히 여겨지는 신세가 되었는가.'

집안 형편은 물론 말이 아니었다. 끝으로 세 살짜리, 여섯 살짜리는 시골로 내려보냈지마는 그 위의 세 아이와 함께 있는 이 집안의 살림꾼은 아이 보아주던 열네 살 먹은 계집아이였다. 이것이 끓여 주는 밥을 먹어야하니 그야말로 쌀이나 삶아 먹는 살림이요 사나이까지도 망태를 들고 나서서 반찬거리를 찾아다녀야 하는 세상에, 집이 비어 그 잘난 배급이나마 제대로 타 오기가 어려웠다.

아홉 살짜리 경숙이가 제 터진 옷을 꿰매는 거며, 열한 살짜리 경수가 뒤축이 다 없어진 운동화를 끌고 학교 가는 뒷모양이 모두 다 눈물을 자아내는 것이다.

'업보(業報)다. 자업자득(自業自得)이다.'

라고 애써서 심상하려 하나, 나는 내가 받을 업보라 하면 아이들은 무슨 죄냐 싶어 자기의 불행한 운명이 아침저녁으로 새삼스럽다. 모든 사람이 지긋지긋한 전쟁 속에서 그날그날 견디기가 어렵다고 탄식하지마는 나의 이 슬픈 환경에선 마치 바닷속에 잠긴 바윗돌처럼 밖에서의 불행을 감각

망우리에 있는 가족묘의 묘비명 전문(全文)

하기조차 둔한 편이다.

어머니는 어머니대로 슬픔이 크시었다. 두 아이는 당신이 맡다가 손수 거들어 주시건만도 때로는 그것이 가엾으셔서,

"어쩌다가 어미를 잃고!"

하시고는 우시는 어머니요, 그나마 서울 있는 삼남매가 다시 궁금하여 우시는 어머니였다.

"죽기가 무서워서가 아니다. 상언이가 열다섯 살 될 때꺼지만 살았으면."

하시고는 우시곤 하였다. 그러나 이만 슬픔은 흔히 있는 일이라고 또 단념도 하시는 것이다.

"백년해로가 쉬운가. 상처하는 사람이 하나둘인가."

그래서 불행한 운명에 수굿이 순종하는 내 맘을 이해할 수 없는 어머니였다.

"남이 흉을 봐, 젊은 녀석이 왜 장가도 못 가느냐고."

하여 내 자존심을 건드려도 보시고,

"내가 며칠이나 살 거냐, 아이들 뒤를 누가 살핀단 말이냐."

하고 타이르기도 하셨다. 그러나 내게서 아무 대답이 없을 때에는 그대로 한숨을 쉬시었다.

어머니의 슬픔과 걱정은 이것뿐이 아니었다. 홀아비 아들에게 징용장이 나올까 봐, 아직 장가도 못 가 본 막내아들이 병정으로 뽑힐까 봐 하루같이 조바심이요 그야말로 바늘방석에 앉으신 격이었다.

"아무개가 징용에 뽑혀 갔지만 그래도 집안을 지킬 아이어미나 있지."

"아무개가 병정에 뽑혀 갔지만 그래도 장가나 갔지."

당신의 아들들에게 이 운명이 닥치면 남보다 더 기막히고 딱할 것이 늙으신 가슴을 잠시도 가라앉힐 수 없는 근심이었다.

아우가 대학을 졸업하던 봄에 이미 취직이 결정된 뒤라, 핑계가 좋아서 학병(學兵)을 기피할 수는 있었다. 그러나 이것은 아버지와 형들의 사상이 나쁜 때문이며, 그 나쁜 사상을 고치지 않은 증거로는 창씨(創氏)를 아니한 것만으로서도 충분한데 학병조차 지원하지 않는다고 고향에서 경찰이 못살게 굴 때에, 어머니는 기어이 이 아들을 뺏기는가 싶어서,

"진작 장가나 보냈더면."

하고 죽을 곳으로 끌려가야 할 아들 걱정에 슬퍼하시었다. 또 이것이 필경 창씨를 아니한 데서부터 불집이 나는 것인가 싶으시면,

"이제라도 창씨를 하려므나. 남 다 뺏기는 성을 혼자 지키면 뭘 하느냐. 종가(宗家)에서도 성을 고쳤는데."

라고 혹시 이렇게라도 해서 징용이나 징병을 피하는 수는 없을까 안타까워하시었다.

형님의 삼년상 되던 해, 당신의 환갑을 맞으시고서는 맏아들 생각에 더욱 마음이 아프서서,

"너의 아버지 환갑잔치나 하자."

고 말리신 어머니였는데 막상 아버지 환갑이 오니 세상은 이렇듯 소란하고 두 아들의 운명이 오늘 어떨지 내일 어떨지를 근심해야 하는 형편이라,

"바늘방석에 앉아 환갑잔치가 다 뭐냐."

고 하시게 되었고 그래도 내가 고집하는 것을 아버지는,

"홀아비 자식의 술잔 받기 싫다."

고 화를 내시는 바람에 그도 저도 못하고 말았다.

어미 없는 내 자식들을 생각해 보아도 나이 마흔이 되도록 부모를 모실 수 있다는 것이 얼마나 큰 복인 줄을 알았건마는 환갑잔치나마 못 차리는 것이 몹시도 내 마음을 아프게 하였다.

7. 아우의 고난

이 계제에 마침 아우가 혼인을 하게 되었다. 이 기회에나 한번 부모를 기쁘시게 하리라 하였다. 그런데 그것조차 뜻대로 되지 못하였다.

잔칫날을 앞두고 이번에는 누이가 경찰에 붙들려 간 때문이었다.

내가 아우와 계수의 신행을 따라서 고향에 갔을 때 아버지는 굳이 기쁜 모양을 하시었고 만족하신 태도로 손님들의 치하를 받으시었다. 그러나 어머니는 조용히 나를 보시고는 갇힌 딸 걱정에 한숨을 쉬시었다. 그리고,

"아이들이나 좀 데리고 내려오지."

"그 타기 힘든 기차에 뭘 하러 데리고 옵니까."

"그래두. 고기라두 한 점씩 먹였어야 할걸."

하시고는 기어이 눈물을 내시다가 얼른 닦아 버리시었다. 좋은 날에 내 마음이 어두워질 것을 꺼리시는 것이다.

그러면서도 막내아들의 혼인 잔치는 이 집안에 오래간만에 식구마다 기쁜 얼굴을 가지게 하였다. 가슴속에는 저마다 슬픔이 가득하면서도 서로 언짢은 빛을 들킬까 봐 조심하면서 모두 기쁜 체 만족한 체 신랑 신부를 위하여 좋은 말만 주고받았다.

새며느리가 올리는 술잔을 받으실 때 아버지도 얼굴을 활짝 펴신 듯하였고, 종손(宗孫)을 옥중에 두고 이즈음은 식음조차 변변히 아니하시던 큰

아버지께서도,

"좋은 술이니 한잔 먹자."

고 기쁨을 표하시었다.

이 광경은 퍽 좋은 광경이었다. 오늘 이 좋은 폐백상을 마주하고 앉으신 어머니와 아버지는 혼인하신 지 올해 꼭 50년, 큰아버지와 큰어머니는 혼인하신 지 60년이시다. 열두 살 열다섯 살짜리 귀여운 신랑 신부들이 50년 60년을 함께 늙어서 이렇게 새 신랑 신부의 폐백을 받으시는 자리다.

그런데 나는 속으로 왜 울어야 하나. 부모님들은 50년, 60년 해로(偕老)하시는 좋은 인연을 가지셨거늘 나는 아내를 잃은 지 벌써 몇 해냐. 짝을 잃은 쓰라림을 겪어 본 일이 없는 이분네들이 다시 장가가지 못하는 내 심정을 아실 까닭이 없다고 생각해 본다. 그것만이 비감한 것이 아니다. 오늘의 주인공 내 아우가 어머니 아버지의 품을 떠나서 우리 부처에게로 온 것은 열두 살 적이다. 중학교 1학년에서부터 대학을 졸업하기까지 11년 동안 아우의 학비를 대고 그 뒤를 보살펴 준, 그래서 오늘 이 자리에서 당연히 누구보다도 더 기뻐할 수 있는 내 아내는 지금 이 자리에 없는 것이다.

"아주머니가 가라는 대로 장가나 갔더면 좋았을걸."

이 말은 내 아내가 죽은 뒤에 형수의 원을 풀어 주지 못한 것을 후회하는 아우의 말이었다. 그런데 지금 그는 이 자리에 있을 수 없는, 이미 이 세상 사람이 아닌 지 오래다.

마땅히 있어야 할 한 식구가 없는 것을 생각하는 이가 없는 것이 내게는 한껏 야속하나, 할 수 없는 일이다.

"이젠 어서 자네가 또 장가를 가야 하겠네."

하는 동리 아주머니들의 말을 웃고 들어야 하는 것이다.

"참 새악시 무던하다. 너 장가 잘 갔다."

하는 동리 할머니 칭찬에 아우는

"원 할머니두. 내가 장가를 잘 갔어요? 이 사람이 시집을 잘 왔지."

하며 어른들을 웃기면 나도 함께 웃었다. 어머니도 지나간 모든 고생이
며, 당장 그 추운 엄동에 유치장에 들어앉은 딸의 걱정도 잠시 잊으신 듯
얼굴을 펴고 웃으시었다.

'오래간만에 어머니의 웃는 모양을 본다.'

고 생각하니 나는 다시 눈물이 날 듯하였다.

그러나 이 오래간만에 기쁨을 표하신 어머니의 웃음 끝에는 또다시 상
상조차 못하였던 슬픔이 뒤를 이었다. 아우가 또 붙들려 갔기 때문이다.

이 억지로 기쁜 잔치를 치른 지 한 주일이 못 되어서다. 아우 부처가 서
울로 올라온 지 이틀째 되는 날이었다. 그날따라 좀 늦게 집에 돌아온 나
는 아우가 아직 집에 돌아오지 아니한 것이 이상하여 아이들에게 물으니
수상한 사람 둘이 와서 삼촌을 데리고 갔다는 것이다.

"도무지 모를 사람이더냐?"

"처음 보는 사람이야. 그래두 아버지 이름이랑 삼촌 이름이랑 다 알아."

하는 경숙이의 말에 어떤 불길한 예감이 머릿속에 번개같이 떠올랐다.

"삼촌이 뭐라고 하구 갔니."

"잘 있거라 하구 갔어."

경숙이의 대답 끝에 경석이가

"아마 경찰서 형산가 봐요."

하였다. 경석이도 나이 열세 살이니 형사쯤은 알아볼 지각이 났거니와
더구나 이 애는 몇 달 전 학교에서 돌아오는 길에 동무끼리 조선말을 한

죄로 등뒤에 오던 형사에게 붙들려 경찰서에 끌려가서 혼이 나 본 경험으로도 이젠 형사라는 직업을 가진 자의 눈초리며 수작하는 태도를 알고 있는 것이다.

내가 말없이 걱정스런 생각에 잠겨 있는데 건넌방에서 계수가 건너와서 단정히 꿇어앉았다. 그도 잠깐 밖에 나갔던 새에 남편이 나갔다는 것이다. 이미 불길한 짐작을 하는 모양이었으나 차마 입 밖에 내놓기를 꺼리는 눈치였다. 계수가 다시 제 방으로 건너간 뒤에 이제나 이제나 하면서 기다렸으나 새로 한 시가 넘어도 아우는 돌아오지 않는다.

건넌방에도 불이 그냥 켜 있을 제는 계수도 자지 않는 모양이다.

'분명 붙들렸다.'

고 생각하고 대문을 걸려고 나서면서 건넌방을 향하여,

"친구에게 끌려갔다가 늦어서 못 오는 겝니다. 주무시지요."

"네."

그러나 나는 잠이 오지 아니하였다. 그래서 계수의 가만가만한 기침 소리로 그도 불은 껐으나 자지 못하는 줄을 알았다.

이렇게 계수가 괴롭고 내가 괴롭고 차디찬 마루방에서 아우가 또한 괴로웠을 이 밤을 겨우 밝히고 이튿날 아침 일찍 알아본 결과 그는 종로경찰서에 갇힌 것이었다.

형님이 잡혀 다니고 내가 잡혀 다닐 때에는 그다지 괴로운 줄도 몰랐더니만 손아래 아우가 잡혀간 뒤에 처음으로 나는 마음의 아픔을 느꼈다. 비로소 과거에 어머니가 얼마나 마음 아프셨을까를 알았다.

한 주일 전까지도 처녀였던 계수가 차입할 남편의 옷 보퉁이를 들고 나서는 것을 보면서 어떻게나 가엾었던지

'비밀 있는 녀석이 장가는 왜 가?'

하고 한 처녀의 운명을 저질러 놓은 아우가 얄밉게도 생각되었다. 그렇게밖에 생각할 수가 없었다. 치안유지법(治安維持法)* 위반(違反)으로 감옥에 가는 것이 명예롭던 시절도 옛적 얘기다. 이런 죄목으로는 붙들려 갔다는 말조차 드러내 놓고 할 수 없는 세상이요, 들어가는 날이 아주 죽을 판에 끌려간 것으로 작정할 수밖에 없는 판국이었다.

더구나 며칠 전에 놓여나온 누이가 겪은 바에 밥이라고 준다는 것은 먹다가 굶어 죽을 지경인데, 미리 붙들린 아우의 관계자들이 그 몹쓸 매를 맞고 유치장에 돌아와서 정신을 잃고 헛소리를 하다시피 응 응 하는 소리에 모두 소름이 끼쳤다는 말을 듣고는 마음을 가라앉히려야 가라앉힐 수가 없다. 그래서 누이는 어떻게든지 아우를 끌어내올 도리를 차려 보리라고 애를 썼다. 맡아서 취조하는 형사를 찾아보고 사정도 해 보는 모양이요 부탁할만한 데가 있음직한 내가 그냥 가만있는 것이 불만하기도 한 눈치였다.

그러나 누이의 이러한 생각과 그 행동이 나에게는 몹시 불쾌하였다.

"치사스레 면회 다니거나 누굴 찾아다니면서 사정하지 말라구."

이 말은 번번히 내가 붙들려 갈 때마다 아내에게 타이르던 말이요, 차입을 그만두라고 굳이 그 속의 밥을 꼭 먹던 나의 성미로서는 죽으면 죽지,

---

* **치안유지법(治安維持法)** 1925년 일제가 반정부·반체제운동을 탄압하기 위해 제정한 법률. 1925년 4월 일본 법률 제46호로 공포되었고, '치안유지법을 조선 및 사할린에 시행하는 건'에 의해 5월 12일부터 조선에서도 시행되었다. 국체의 변혁과 부정, 사유재산의 부인을 목적으로 하는 결사 등에 관하여 처형과 과형 절차를 규정했다. 민족해방운동에 종사했던 수많은 애국지사들이 이 법에 의하여 투옥, 처형되었다.

그까짓 형사 녀석을 찾아가서 사정을 해 보는 듯한 누이의 행동은 내 자신 욕을 당하는 것만 같아서 참을 수 없이 불쾌하였다.

"나도 너만큼은 부모 생각도 하고 아우 걱정도 할 줄 안다. 허지만 그따위 짓이나 하려거던 내 앞에 보이지 말아."

하고 한번은 큰소리를 쳐서 누이는 울고 간 일도 있었다.

그러나 이러한 나의 태도를 계수가 야속하게 여길 생각을 하면 무척 괴로웠다.

그래서 하루는 계수를 불러 앉히고

"누이나 아주머니 생각에는 내가 아우를 위해서 애쓰지 않고 내버려두는 것이 야속하시겠지마는 실상 가만둘 수밖에 없는 겝니다. 별수가 있다 하더라도 거기는 두 가지 조건이 있어야 합니다. 우선 나 자신이 저놈들한 테 무릎을 꿇고 빌어야 하며 또 이제부터 완전히 친일 행동을 해야만 합니다. 그것만으로도 물론 될 수 없고 그다음엔 아우가 자기 신념과 동지를 배반하지 않으면 안 됩니다. 그런데 이 두 가지가 다 할 수 없는 일입니다. 나도 할 수 없거니와 아우도 응할 리가 없습니다. 이번 사건이 얼마나 중대한지 모르나 징역을 지운대야 5년이나 6년이겠지요. 나는 그걸 걱정하지 않습니다. 왜 그런고 하니 전쟁이 이제 기껏 1년 이상 갈 리가 없고 일본이 망할 것은 장담할 수 있으니까 기껏 오래 갇혀 있대야 1년일 겁니다. 이 1년을 견디지 못해서 동지를 배반하고 자기만 빠져나올 도리를 차리도록 하자고 나는 차마 못 하겠습니다. 신의(信義)를 버린 뒤에 사는 목숨은 설사 몇 백 년 산다 하드라도 썩어 빠진 목숨입니다. 물론 가엾은 아주머니를 생각하거나 늙으신 어머니를 생각하거나, 옛날과 달라 감옥살이도 어렵다는 판국에 약질인 아우를 생각하면 나도 가슴이 아픕니다마는 한 1년 뒤에는 이것도 다 지나간 얘깃거리밖에 안 될 겁니다."

라고 내 생각하는 바를 툭 털어놓았다. 계수는

"저는 괜찮습니다. 아주버니 생각대로 하세요."

하고 양해하는 뜻을 표하였다.

"길게 잡아야 1년입니다. 어서 바삐 일본이 망하기를 비는 것밖에 얘가 빨리 나오기를 바라는 방법은 없습니다."

고 나는 말하였다.

허지만 나도 아무리 말로는 그러하나 생각하는 것처럼 마음을 누그러뜨릴 수는 없었다. 번연히 별수없는 일인 줄은 알면서도 종로경찰서 문 앞에 가서 우두커니 서 있기가 일수요, 둥글게 지은 유치장 바깥 담을 맥없이 치어다보는 적이 많았다. 감옥에서는 사뭇 굶어 죽는 사람이 매일같이 늘어 간다는 것을 감옥 무슨 위원회에 촉탁이 되었다는 C 씨에게 나도 직접 들은 때문에 이 속에 들어앉은 아우를 생각할수록 끼니마다 밥이 아니라 모래를 씹는 듯하고 물을 말아도 목이 메었다. 그래서 감옥으로 넘어간 뒤에 그 C 씨의 소개장을 얻어 가지고 감옥의 서무과장을 찾아보고 면회는 못 하나마 그의 힘으로 간수를 아우의 감방에까지 보내서 사식을 먹으라고 권하였더니

"사식도 여기 밥보다 나을 것이 없다."

고 아니 먹겠다는 대답이 왔다. 어찌나 마음이 답답하였던지

'전에 내 아내도 사식 안 먹는 나 때문에 이렇게 속이 썩었을 것이다.'

고 생각하였다.

길에서 가끔 맨발에 푸른 옷 입고 용수 쓴 미결수들이 수갑을 차고 줄을 지어 검사국 문초를 받으러 다니는 것이 유난히 눈에 띄어서

'저 속에 혹시 아우가 섞여 있지나 않나.'

하고 걸음을 멈추곤 하였다.

어머니의 슬픔은 더할 나위가 없었다. 단 하나 당신의 마음을 편하게 할 줄 믿었던 막내아들마저 감옥에 들어앉혀 놓고는 이제는 우실 기운도 없을 만하였다.

"이럴 줄 알았더면 장가나 보내지 말걸."

하고 언제 끝날지 모르는 이 놀음에 며느리의 장래가 한심하다 하시었다.

"이것이 불쌍하니 죽지도 못하구."

하고 어미 없는 손자 상언이를 어루만지시는 것이다. 그러나 나는 어머니에게는 계수에게처럼 차마 툭 털어놓고 말씀드리지를 못한다. 한 1년 참아 보시자는 말이 차마 나오지 아니한다. 그래서

"별일은 없다니깐 쉬이 나올 겁니다."

라고 하는 수밖에 없다. 허나 이런 말에 속아서 안심하시기에는 어머니는 지나간 20여 년 겪어 보신 경험이 너무도 뚜렷하다.

"언제는 별일이 있어서들 잡혀 다녔냐?"

고 한숨을 쉬시는 것이다. 어머니와는 달라서 계수는 그의 미덕을 충분히 발휘하였다. 도무지 슬프거나 걱정하는 빛을 나타내지 아니하고 늘 웃는 낯을 가졌다. 엊그제까지 알지 못하는 남자였던 이 홀아비 시아주버니를 위하여 정성을 기울이고 아이들에게는 따뜻한 작은어머니였다. 벌써 몇 해째 의지할 곳이 없고 응석 부릴 데가 없이 벌판에 자라나는 외로운 풀잎처럼 제풀에 저희끼리만 지내야 하던 아이들에게 작은어머니는 대단히 소중하고 즐거운 새 식구였다.

"삼촌만 있으면 참 좋을 걸."

경수는 이런 말을 내게 소곤거렸다. 어린 생각에도 작은어머니가 삼촌을 잃은 것이 가엾은 모양이요, 삼촌만 있으면 아무 걱정 없이 늘 기쁠 수 있을 것을 그렇지 못한 것이 마음에 걸리는 모양이었다.

"이제 두구 봐요. 일본놈이 망할거야."

하고 어린아이 입에서 원한 많은 말이 나왔다.

"쉬…."

내가 눈이 둥그레 고개를 흔들면 경수는

"누가 밖에 나가서도 그런 말 한대요? 그놈들 밤낮 신궁엘 끌고 가지만 난 거기 가서도 빨리 망합소사 비는걸!"

할 때에 나는 이 어린것들의 가슴에 맺힌 원한이 결단코 심상한 것이 아닌 것을 느낀다. 그래도 계수는 아무 걱정 없는 사람 같았다. 그것이 내게는 얼마나 다행한지 모른다. 하루는 밖에 나갔다가 아우를 취조한 형사를 만나서, 벌써 잡아갈 것이었지만 이왕 혼인 날짜까지 받아 놓고 며칠 남지도 아니하였다기에 결혼식이나 지낸 뒤에 잡아갔노라는 말을 들었다고 하면서

"그 녀석들 누굴 위하는 체하지만 미리 잡아갔더면 저는 편했을 것 아냐요?"

하여서

"거 옳은 말씀입니다."

하고 같이 소리를 내어 웃기까지 하였다. 그러나 이렇게 그가 겉으로 걱정스러움을 나타내지 아니하고 슬픔을 감추기에 그 마음이 얼마나 더 아플까를 생각해 본다. 더구나 그도 단 하나뿐인 친정 오빠가 경찰서에 잡혀가

서 몹쓸 매를 맞은 끝에 필경은 골병이 들어 죽는 것을 경험한 사람이다.

"오빠가 잡혀갔을 때 언니가 가엾다고 생각했더니만."

하고 태연히 말하는 것을 들으면서 나는 그의 모든 것을 참는 그 교양을 탄복하였다. 그래서 더욱 그가 가엾고 밤늦도록 불을 끄지 아니하고 기침 소리 하나 없이 들어앉은 계수의 방을 건너다볼 때마다 마음이 어두웠다.

혼인 때에 그 행복에 겨운 듯하던 모습을 회상하면 오늘날 저 외롭고 가엾은 처지에 빠진 자기의 운명을 얼마나 슬퍼하랴. 그는 이제 자기 오빠의 참혹한 최후와 자기 남편의 운명을 비겨 보며 또 그 언니의 가엾은 처지와 자기 처지를 비겨 볼 것이라고 나는 생각해 볼 적마다

"어지간히 거치른 운명에 시달리는 사람들끼리 모였다."

고 이 집안의 거센 고난(苦難)이 새삼스러운 것이다.

아우가 감옥으로 넘어간 지 반년을 넘으면서 일본의 형세는 아주 글러졌다. 그리하여 그 패망에 대한 우리의 신념이 나날이 뚜렷해 올수록, 그럴수록 경찰의 독살스런 눈초리는 더욱 사나워져서 이제는 나 자신까지도 신변의 위험을 아니 느낄 수 없이 되었다. 필경은 더 견딜래야 견딜 수가 없어서 아이들을 모두 소개(疏開)한다는 핑계로 학교를 중지시켜 계수와 함께 고향으로 내려보내고 나도 몸을 숨겨 버릴 수밖에 없었다.

"어서 일본이 지기를!"

입 밖에 내놓을 수 없는 이 간절한 소원이 하루속히 성취되기를 빌면서 낯선 동리에 가서 하숙방 구석에 처박혀 있을 때는 차라리 감옥 속에 들어앉은 아우의 처지가 낫다고도 생각이 되었다.

8. 이제는
노예의 무덤이 아니다

이렇게 지긋지긋한 하루하루가 한 달이 지난 뒤에 8월 15일이 왔다. 바라고 바라던 일본 항복의 소식을 들은 것이다.

　가슴은 그냥 울렁거리고 어떻다 말할 수 없는 감격을 누를 수 없는 채 자전거를 빌려 타고 서울로 달려오고 있는 나의 얼굴에는 땀만 흘러내리는 것이 아니다. 눈물이, 그저 눈물이 자꾸만 흘렀다. 라디오 방송으로 일본의 항복을 알았을 뿐이라, 서울은 패잔병의 어떤 발악이 일어나고 어떤 혼란이 있을지 모른다는 의심도 없지 아니하지마는 필경 오늘내일쯤 아우와 조카는 감옥에서 놓여나올 것이라는 생각에 한 시각이 바쁘다. 더위에 목이 타건마는 주막에서 물 한 모금 얻어 먹기가 바빠서 그대로 자전거를 달리는 것이다.

　열한 살 적의 기미년 생각, 그때 내 볼기짝을 후려치던 보조원의 짐승 같은 얼굴, 그담에도 몇 번이나 겪은 그 염라국 사자 같은 녀석들의 잊을 수 없는 얼굴, 기미년에 갓 나서 방긋방긋 웃던 아우의 얼굴, 지금 옥중에서 하얗게 되어 가지고 나올 아우의 얼굴, 조카의 얼굴, 관뚜껑을 열어젖히고 내려다보던 형님의 얼굴, 숨지기 한 시간 전까지 혁명을 말하던 매부의 얼굴, 이 모든 아픔에 지칠 대로 지쳐 버린 어머니의 얼굴, 내가 잡혀갔다 놓여나올 때마다 나보다 더 상하였던 아내의 얼굴…. 이 여러 가지 얼굴이 자꾸만 앞에 어른거려서 자전거는 돌을 피할 생각도 못 하고 덜그덕거리면서 달리는 것이다. 땀인지 눈물인지 분간할 수 없이 짜디짠 물이 자꾸 입술에 스치는 것이다.

홍제원에 들어섰을 때 화장터로 나가는 상여를 보며 지나가던 지게꾼이

"좋은 세상이 왔는데 어떤 불쌍한 사람이 죽었노!"

하는 소리를 듣고 또다시 눈물이 쏟아졌다. 형님의 얼굴이, 매부의 얼굴이, 아내의 얼굴이 나타나기 때문이다. 고개를 넘어서면서 우선 눈은 감옥의 붉은 담을 훑어보았다. 문 앞에는 많은 사람이 모여 있다.

'그렇다. 모두 놓여나온다.'

고 제 생각이 들어맞은 것이 일변 유쾌하고, 오기를 잘했다고 생각하며 곧장 감옥문 앞으로 달려가매 이미 아우와 조카는 놓여나온 뒤였다. 그들을 옥문 앞에서 반기지 못한 것이 섭섭하였으나 그대로 집으로 발길을 돌렸다.

독립문에는 기다란 깃발 두 개가 날고 있다.

환영(歡迎) 혁명 동지(革命同志) 출옥(出獄)
축(祝) 혁명 투사(革命鬪士) 출옥(出獄)

이 깃발을 보면서 또 한번 꿈만 같았다.

어저께까지도 '祝 ××××君入營'의 깃발이 원망에 떨며 억울함에 펄떡거리던 이 땅이 아니냐. 혁명이란 말은커녕 그런 문자만 아는 듯하여도 저 붉은 담 속에 들어가야 하던 이 땅이 아니냐.

'세상은 하룻밤 새에 달라졌다.'

고 생각하며 집으로 돌아왔다.

문 앞에서 계수와 누이를 만났다. 마침 면회하러 올라왔다가 이날을 맞이한 것이다.

"나왔어요. 바루 환영회로 갔어요."

계수와 누이는 기쁜 얼굴이었다. 그러나 나는 그들의 마음을 안다. 혼인한 지 한 주일 만에 뺏겼던 남편을 여덟 달 만에 다시 찾은 것이 물론 기쁘겠지마는 영영 다시 찾을 길 없는 그의 친정 오빠를 위하여 속으로 울었을 것이다. 그렇게도 아우 때문에 성화를 하고 쫓아다니던 누이도 물론 기쁘기야 할 것이다. 그러나 그도 이날을 같이 기뻐할 남편이 압박자의 채찍에 맞은 상처로 인하여 목숨을 잃은 지 몇 해이냐. 형님 생각에, 매부 생각에, 아내 생각에, 70리 길을 울면서 달려온 내 아픈 마음에 미루어 그들의 아픈 마음을 나는 안다.

'어지간히 거치른 운명에 시달리던 식구들이다.'

고 또 한번 생각한다.

마당에 들어서니 경수가 내달았다.

"아버지 삼춘 나왔대요."

"오, 삼춘이 나왔다."

"그런데 어머니는…."

딸의 울음은 또 다시 나를 울렸다.

나는 거리에 나서려고 옷을 갈아입었다. 각반을 끄르고 국방복을 벗어 던질 때에 해주감옥에서 나오던 날 붉은 옷을 벗고 내 옷을 갈아입던 생각이 났다.

'이제는 다시 이놈의 복장을 아니 입어도 좋다.'

고 땀에 젖은 저고리를 마당으로 팽개쳐 버렸다.

몸이 날아갈 듯한 것은 새 옷으로 갈아입은 때문만이 아니었다. 그저 즐겁고 그렇게도 내려쪼이는 햇볕이건만 속은 그저 시원하였다.

사람, 사람, 사람… 사람은 모두 거리로 쏟아져 나온 것 같았다. 태극기를 날리며 화물자동차가 아는 사람, 모르는 사람 구별 없이 태우고 만세를 부르며 지나간다. 전차에는 지붕까지 사람이 탔다. 만세 소리에 전차는 폭발될 것 같았다.

풋낯이라도 아는 사이면 서로 붙들고 반기었다. 사람마다 사사로운 혐의나 미움을 모두 잊어버리고 서로 즐기고 기쁨을 주는 얼굴이 되었다.

만세 소리에 싸여 전차가 지나갈 때마다, 자동차가 지나갈 때마다 나는 모자를 벗어 흔들었다. 자꾸 흔들었다.

생각하면 우리는 이제 일본의 압박으로부터서만 해방된 것이 아니다. 역사는 다시 봉건시대로 돌아갈 리가 없고, 몇 사람만이 행복을 누릴 수 있는 그러한 사회제도가 생길 리 없으니, 우리는 실로 4천 년 역사를 통하여 처음으로 해방되는 백성이다. 얼마나 큰 기쁨인가. 모두 이 기쁨을 즐기는 것이다. 오늘 이 기쁨에 참예하지 못하고 거리에 나와 보지 못하는 사람이야, 어저께까지 동포의 이름을 팔아서 압박자에게 아첨하던 무리요, 거기서 조각 권력을 얻어 가지고 동족을 치던 무리뿐일 것이다. 지금까지 겪은 고초가 끔찍하나 나는 오늘 쥐구멍에 숨어야 할 무리에 들지 않고 이렇게 거리에 나서서 민족의 기쁨 속에 섞일 수 있음을 생각할 때에 또다시 가슴은 감격에 벅차다.

저녁에야 아우와 조카가 집으로 돌아왔다. 반갑기 전에 슬픔이 북받쳤다.

"우리만 남았구나!"

형님과 아내를 잃은 나나, 남편을 잃은 누이나, 오빠를 잃은 계수나 오늘 이 기쁜 자리에 응당 같이 있어야 할 사람들이 없는 것을 저마다 느끼는 것이다.

  이튿날 나는 가족 묘지를 찾아갔다.

  무덤 위에 태극기를 덮어 놓고 나는 그 앞에 섰다. 눈물이, 걷잡을 수 없는 눈물이 자꾸만 흘렀다.

  "전생(前生) 다생(多生)에 인연(因緣) 있는 우리들이 부모처자(父母妻子)로 금생연(今生緣)을 맺어 피를 물려 가며 고락(苦樂)을 같이하였더니…."

  내 손으로 지은 이 비문(碑文)의 한 구절을 다시 읽어 본다. 그런데 지금 이 땅에 큰 기쁨이 왔건마는 형님도 아내도 이 기쁨을 같이할 수가 없다.

  '사는 것이 죽음보다 괴롭다.'

  고 생각해 오던 나였지마는 지금 살아남은 자의 행복을 죽은 이와 더불어 나눌 수 없음을 울지 않을 수 없다. 하도 내가 살림살이에 무심한 것을 밉살스럽다고,

  "사흘만 죽어 보면 좋겠네, 어떻게 사나."

  하던 아내는 사흘이 아니라 벌써 3년이 넘었는데 돌아오지 아니하였고 이렇게 기쁨을 알려 주려 무덤에 태극기를 덮어 주건마는 알기나 하는가?

  아내여. 같이 태극기를 날려 보자꾸나!

  이런 허망한 욕심을 부리며 무덤을 두드려 본다. 살았을 적 그의 머리를 쓰다듬었듯이 무덤의 잔디를 쓰다듬어 본다….

  그러나 죽은 이들을 위하여 우는 것도 오늘로써 마지막으로 삼으리라. 이제부터는 산 사람은 산 사람대로 새 나라의 새 일을 위하여 새 길을 걸어가야 한다.

나는 자유가 가져온 명예를 무덤에 전하고 돌아섰다.

"이제부터는 노예의 무덤이 아니다!"

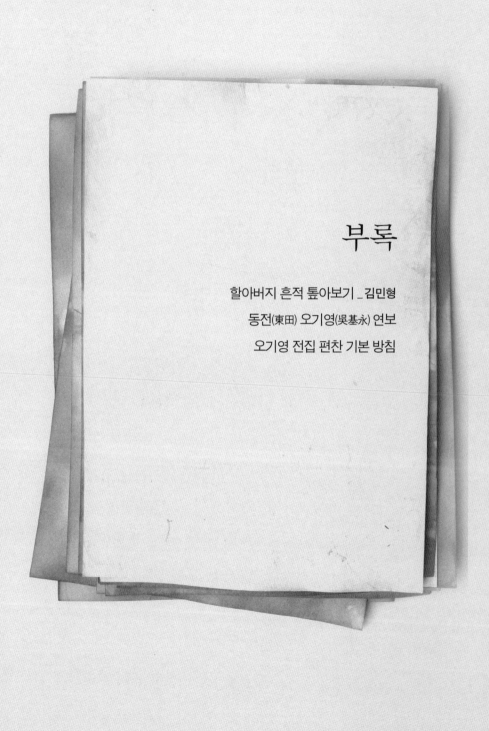

부록

할아버지 흔적 톺아보기

김민형_동전의 외손녀

광장에서

2016년 겨울, 나도 촛불광장에 있었다.

'응답하라' 세대의 일원으로 '세계화'와 'IMF 외환위기' 사이에서 성장하며 생존을 위한 개인적인 삶에 매진했던 나는, 부끄럽게도 '광장'은 이번이 처음이었다. 처음 만난 광장이 주는 자유로움과 신바람에 푹 빠져, 그해 겨울의 대부분을 오롯이 길거리에서 보내고 말았다. 겨울바람이 매서워질수록 빈자리가 늘어갈 걱정에 사명감도 더해져 경건한 의식을 치르듯 주말이면 광장에 섰다.

백만 촛불이 모였다는 그날의 광화문 광장이 아직도 눈에 선하다. 와-와-와-와, 우-우-우-우! 종각역 지하도에서부터 느껴지는 함성은 내 몸을 울리고 밤하늘을 흔들었다. 각각의 몸짓과 리듬으로 분주한 사람들, 그러면서도 한 방향으로 공명하는 촛불의 물결에 나는 나를 맡기며, 저절로 누군가를 떠올렸다.

나의 할아버지 오기영.

1919년 3월, 그는 고향 배천읍 장터에서 "생전 들어도 못보고 불러도 못

할아버지 흔적 톺아보기 | 231

보고 연습해 본 일도 없는, 이 '대한독립만세'를 갑자기 어울려 부르기보다는 먼저 저마다 저절로 터져 나온 소리가 '와―' 하는 이 한마디"를 온몸으로 목도한 열한 살의 소년이었다. 그날의 함성을 시작으로 당신의 부친과 동리 어르신들이 헌병대에 잡혀가서 매를 맞고, 할아버지 자신과 동급생 친구들, 형님들도 따라 만세를 부르다가 같은 고초를 겪게 된다.

이러한 경험이 각인되어 '3·1운동 키즈'로 자라난 할아버지와 형제들의 삶이 결코 순탄하지는 않았고, 일제강점기와 해방 후 좌우분열, 한국전쟁으로 이어지는 역사의 파도 속에서 철저하게 부서졌다. 흩어진 할아버지의 흔적을 면면히 톺아보며 나도 여기까지 온 것이 아닌지, 문득 내가 서 있는 자리를 돌아본다.

매혹(fascination)과 좌절(frustration) 사이. 대상에 대한 수동적인 추종자가 아닌 능동적인 참여자로서의 '팬(fan)'의 위상을 재정립한 어느 대중문화 연구자의 분석을 빌린다면, 나는 할아버지 오기영이라는 텍스트에 끊임없이 매혹되고, 수도 없이 좌절하며, 비로소 할아버지의 '팬'이 되었다. 소위 오기영 '덕후'가 되었던 것인데, 지금으로서는 이십여 년 지속된 나의 특별한 여정을 설명하는 최소한의 답이 될 것이다.

매혹

1996년 '할아버지 덕후'의 세계에 입문하게 된 것은, 6·25 때 돌아가신 줄로만 알았던 할아버지가 실은 월북자라는 어머니의 짧은 고백 때문이었다. 80년대 식 반공교육을 곱게 받고 자란 나에게 '월북'이라는 금기어는,

적지 않은 충격임과 동시에 묘한 매혹으로 다가왔다. 그러나 갓 대학생이 된 나는 이 위험한 호기심을 어디서부터 어떻게 발동시켜야 하는지 전혀 알지 못했다. 나른한 봄날 예고 없이 찾아온 휴강을 핑계삼아 무작정 할아버지가 신문기자로 근무하셨다는 동아일보의 옛 사옥을 찾아 나섰다. 그로부터 시작된 수많은 우연과 필연의 고리들…. 아직 인터넷이 일반화되기 이전의 세상에서 순진한 발품으로 얻어 걸리는 할아버지의 흔적은 매우 제한적이었지만, 이리저리 조각난 정보들은 오히려 나의 상상력과 투지를 적절하게 자극하였다.

이윽고 나는 할아버지가 선물처럼 남기고 간 물질적 실체들과 차례차례 대면하였다. 설마하며 검색해 본 국립중앙도서관에서, 반세기를 머금은 할아버지의 저서들은 빛바래고 곰삭은 모습으로 나를 맞이했다. 숨이 막힐 듯 읽어 내려간 책 속에서 나는 비로소 우리 '가족'들을 만날 수 있었다. 그러나 내 또래밖에 안 되는 큰할아버지 오기만과 혁명 동지들의 전설 같은 활약상, 그들의 독립운동을 감내하고 후원했던 김명복 할머니의 고고한 희생은 너무나 처절하여, 그들이 나의 가족이라는 사실이 오히려 비현실적으로 느껴졌다.

책의 서술을 근거로 어렵사리 찾아간 망우리의 가족묘에는 할아버지가 직접 비문을 쓰신 아담한 비석이 태연하게 자리를 지키고 있었다. 때이른 죽음으로 여기 현전(現前)하는 이들. 대대지묘(代代之墓)를 꿈꾸었지만 정작 부재하는 이들. 이 모진 세월은 섬광처럼 현재를 관통하여 우리 앞에 고요히 내려앉는다. 삶과 죽음, 시간과 공간의 변증법이 재현하는 기묘한 평화에 매료되어, 이후 나는 숱하게 이곳을 찾았다. 할아버지 덕후의 유일한 '성지'였다.

좌절

어느 정도 자료가 모이자 나는 용기를 내어 고향집으로 내려갔다. 일일
이 복사한 저서들과 신문기사, 각종 문서들…. 정성껏 준비해 간 나의 자
료를 보신 할머니는 단박에 걱정과 두려움을 드러내셨다. 병상에 계신 할
머니의 건강을 생각하며 애써 덤덤한 척했지만, 내심 인정받고 싶었던 나
는 만류하는 할머니의 반응에 크게 낙담하였다. 할아버지가 북으로 가신
뒤 할머니는 하루아침에 돌쟁이 딸을 들쳐업은 채 수사기관에 불려다니는
나날을 보내야만 했다. 이후 할머니는 할아버지에 관한 모든 것을 없애 버
리셨을 뿐만 아니라, 전쟁통에 할아버지의 사망신고까지 했던 사정을 뒤
늦게 알았지만, 그날 할머니와의 낯선 대화는 어색하게 급마무리되었다.

월북자의 가족으로 생존마저 위협당하는 사회적 폭력 속에 평생 홀로
사신 할머니를 그때의 나는 추상적으로밖에 공감하지 못했다. 반공 독재
의 시대 할아버지의 그림자로부터 필사적으로 벗어나려 했던 할머니와 가
족들에게, 꽁꽁 감추어 왔던 할아버지의 자취들을 하나하나 들춰내어 재
구성하는 세계는 끔찍한 악몽일지 모른다. 나를 매혹시킨 텍스트의 세계
와 남겨진 가족들이 겪어낸 현실 사이. 아직 묻지 못한 질문들과 듣지 못
한 대답들로 가득 차 있는 그 심연을 어떻게 감당할 수 있을지, 나는 여전
히 막막하다.

나의 덕후 경력은 이후에도 계속되었지만, '나의 은밀한 호기심이 무책
임한 이기심은 아닌가, 그들에게 질문을 던지고 대답을 요구할 권리가 과
연 나에게 있는가' 하는 윤리적인 문제는 지금까지 숙제로 남아 있다. 세월
은 무심하여 사람들의 기억은 서서히 희미해지고 서로 어긋나거나 충돌한

다. 그들의 목소리에 귀를 기울일수록, 쓰여진 글 바깥에서 발견되는 할아버지의 또 다른 모습에 당황하기도 하고, 모순된 태도에 실망하기도 한다. 그리고 가끔은 나의 존재조차 알지 못하는 할아버지를 추적하는 내 자신이 허망하기도 하고, 대책없이 황망히 사라져 버린 우리 할아버지가 원망스럽기도 하다.

연대

"우리가 같이 체험한 피묻은 이 기록"을 "공산분자의 파괴적 기록"으로 매도하는 세상을 비통해하면서도 책의 출간을 감행했던 할아버지의 족적은, 책의 본문에 쓰여진 내용보다 쓰여질 수 없었던 내용에 대한 나의 궁금증을 불러일으켰다. 이후 나의 작업은 책의 내용을 책 밖의 자료로 확인하고 검증하며, 책에 쓰여지지 않은 내용을 미루어 추적하는 이중의 탐사 과정이 되었다. 이 과정에서 나는 많은 사람들을 만났다. 한마디의 말과 한 줄의 정보가 귀했던 시기에 신문사 안내데스크에서, 서대문형무소 역사관에서, 정성을 다해 도와준 사람들, 가장 개인적인 것이 가장 정치적인 것이라며 등 두드려 준 학교 선생님…. 물론 다른 방식으로 영감을 준 사람들도 많다. 할아버지와 개인적 친분이 있다는 인사를 수소문하여 만났지만 이념의 장벽 앞에 침묵만을 들려주신 분, 현재에도 작동하는 레드 콤플렉스를 진심으로 걱정해준 지인들. 모두 덕후를 키워낸 소중한 은인들이다.

가장 빛나는 인연은 2001년 할아버지의 저서들을 복간하면서 찾아왔다. 어느 날 느닷없이 성균관대출판부로부터 날아든 재출간의 제안은 기막힌 우연의 일치이자 덕후의 여정에 있어 최고로 흥분된 순간이었다. 나는 '들풀' 편집자와 현대사 연구자들의 기탄없는 조력과 든든한 연대에 힘입어, 주관적 애정에 머물러 있던 나의 자료들을 엮어 할아버지 연보 작업에 참여하게 되었다. 그때까지 나는 할아버지 이야기를 제삼자에게 전하는 것만으로도 극도로 긴장하고 감정을 주체하기 힘들었다. 반세기 만에 할아버지의 저서들이 다시 세상에 나오는 과정을 통해 할아버지 오기영을 객관적으로 이해하고 보편적 맥락으로 확장하는 가능성을 체험할 수 있었다. 그로부터 이십여 년 후 할아버지의 전집 출간 역시 '들풀' 노동자와 함께 했기에 가능했다. 덕후와 덕후로 이어진, 참으로 기이한 인연이다.

2002년 삼일절에 할아버지 책들이 출간되고, 이듬해 광복절 큰할아버지 오기만은 건국훈장 애국장에 추서되었다. 책을 보신 몇몇 분들이 할아버지 가족사에 대한 귀한 증언을 해주셨고, 영화를 공부하던 나는 카메라를 사이에 두고 할머니 그리고 가족들과 오랫동안 미루었던 담담한 대화를 나눌 수 있었다.

어느덧 할아버지 책으로 인연을 맺었던 어른들이 차례차례 돌아가시고, 우리 할머니도 십여 년 전 세상을 떠났다. "책이 나와 기쁘세요?" 하는 나의 우문에 "응, 응." 고개를 끄덕이시던 할머니. 화장장으로 향하는 할머니의 관 속에 어머니는 할아버지의 책들을 넣어드렸다.

백 번째 봄을 노래하며

2017년의 찬란한 봄을 촛불광장에서 맞이하고, 다시 망우리를 찾았다. 터질 듯 벅찬 마음을 가다듬고 겨울 내내 광장을 내달렸던 태극기로 가족묘의 봉분을 고이 덮어드렸다. 해방이 되어 "자유가 가져온 명예"를 전하며 "이제부터는 노예의 무덤이 아니다!"라고 감격하신 할아버지의 목소리를 상상해 본다. 문득 불혹의 문턱에 고향으로 떠난 할아버지만큼 나이가 든 내 자신을 깨닫는다. 종종 어렵고 곤란한 순간에 맞닥뜨리면, 할아버지는 도대체 어떻게 하실 거냐고, 무모한 질문들을 던졌다. 남한 땅에서는 할아버지보다 많은 날을 살아버린 나는 이제 누구에게 투정을 부려야 하나? 끝모를 서글픔이 밀려온다.

오기영 덕후 이십 년. 덕후의 최고봉은 '성덕(성공한 덕후)', 나만의 우상을 영접하는 기쁨이라 하던가. 아마도 할아버지를 직접 만날 수 있는 가능성은 사라졌지만, 혹시 나와 비슷한 덕후들, 매혹과 좌절 사이에 망설이는 이들을 어디선가 만난다면, 있는 힘껏 뜨거운 응원가를 함께 부르고 싶다.

2019년 삼일절, 대한민국 백 번째 봄이다.

동전(東田) 오기영(吳基永) 연보*

1909년	1세	• 4월 13일 황해도 배천군[白川郡] 배천읍에서 부 오세형(吳世炯: 1884~?)과 모 윤인의(尹仁義: 1880~?) 사이의 3남 3녀 중 차남으로 태어나다. 호적명은 오기봉(吳基鳳)이며 본적은 황해도(黃海道) 연백군(延白郡) 은천면(銀川面) 연동리(蓮東里) 311번지**이다.
		• 부친은 배천읍내에서 잡화와 학용품 등을 파는 큰 상점을 경영하고 있었고 위로는 형과 누나가 각각 한 명씩 있었으며, 장남 오기만(吳基萬: 1905~1937)은 이때 다섯 살이었다.
1912년	4세	• 누이 오탐순 태어나다.
1914년	6세	• 누이 오탐열 태어나다.
1919년	11세	• 3월 30일 배천읍 장날 만세 시위 일어나다. 주모자의 한 사람이었던 부친이 체포되어 해주 감옥으로 이송되다.
		• 11월 3일 아우 오기옥(吳基鈺: 1919~1950?) 태어나다.
		• 12월경 창동학교(彰東學校) 동급생인 최순만, 김봉국, 최이선, 오효동 등과 함께 장날 시위를 모방한 만세 시위를 일으켜서 헌병 분견대(分遣隊)로 잡혀가다. 보조원의 고문으로 김덕원(金德源) 선생이 시켜서 만세를 불렀다는 거짓 자백을 하고 풀려 나왔으나, 이후 김 선생은 8개월의 징역을 살게 된다.
		• 아우의 만세 시위로 영향을 받은 오기만이 시위를 모의하다 발각되어 공모자 삼십여 명과 함께 해주(海州) 감옥으로 이송되다.
1920년	12세	• 오기만이 경성사립배재고등보통학교(京城私立培材高等普通學校)로 유학가다.
1921년	13세	• 오기만이 재학 중인 배재고보에 입학하다.
		• 열일곱 살이던 오기만이 배재고보 2학년을 수료하고, 해삼위(海蔘威: 블라디보스톡) 출신인 친구 이남식(李南植)의 여행권을 위조하여 중국으로 떠나다.

---

* 본 연보는 오기영 본인이 서술한 기록물(저서, 신문기사, 기고문 등) 및 오기영을 언급하는 각종 자료와 증언을 토대로 작성하였다. 가족의 생몰년도 및 자녀들의 출생년도는 『사슬이 풀린 뒤』의 서술내용과 오기영이 직접 쓴 '흥사단 단적(團籍)'의 가족사항 및 관계자 증언을 바탕으로 작성한 것으로, 약간의 오차 가능성이 있음을 밝혀둔다.

** 출생지명과 호적지명이 다른 것은 1914년 배천군이 연안군(延安郡)과 합쳐져서 연백군이 되면서 배천읍 또한 은천면으로 개편되었기 때문이다.

1924년	16세	● 면학을 목적으로 북경, 남경, 상해 등을 전전하던 오기만이 가세가 점차 기울고 고향집으로부터의 송금이 끊겨, 고생 끝에 귀국하다.
		● 파산 지경에 이른 부친이 황무지를 개간하여 과수원을 경영하기 시작하다.
		● 배재고보 3년 수료 후 중퇴하고 오기만과 함께 부친의 과수원 일을 도우면서 마을의 소년회를 조직하다.
1926년	18세	● 11월경 동아일보 배천지국에서 수습사원으로 일하다.
1927년	19세	● 3월 29일 배천 유학생 학우회가 주최하고 동아일보, 조선일보, 중외일보의 세 지국의 후원 하에 "우리의 금무는 산업이냐? 교육이냐?"의 주제로 개최된 제2회 현상토론회에서 2등을 수상하다.
		● 4월 20일 배천 청년회 제4회 정기총회에서 위원으로 활동하다.
1928년	20세	● 2월 28일 엡웟 청년회 문예부가 "조선 여성의 선결 문제는 교육이냐? 해방이냐?"의 주제로 주최하는 토론회에 참가하다.
		● 3월 3일 배천 후진 엡웟 청년회장으로 4회 정기총회를 개최하다.
		● 3월 17일 동아일보 평양지국에 사회부 기자로 입사하다
		● 3월 26일 배천 후진 엡웟 청년회장으로 제3주년 기념식과 축하회를 개최하다.
		● 4월 16일 신간회(新幹會) 배천지회(白川支會) 설립대회 준비위원이던 오기만이 검속(檢束)되다. 대회 당일 배포할 예정이던 삐라가 발각되어 관할 연백경찰서에 검거된 후, 출판법 및 보안법 위반으로 유재경(劉在景), 이완구(李玩求), 홍세혁(洪世赫), 임원규(林元圭) 등과 함께 해주지방법원으로 송치되었다. 4월 30일 오기만은 출판법 위반으로 벌금 50원에 처해지다.
		● 오기만이 다시 중국으로 가다. 압록강을 건너 안동현(安東縣) 역에서 오기만을 배웅하다.
		● 여름 휴가중 모 회의 설립대회 축사를 한 것을 이유로 해주 감옥 독감(獨監)에 수감되다.
1929년	21세	● 4월 6일 동아일보 평양특파기자에서 신의주특파기자로 임명되다.
		● 6월 14일 배천에서 조모상을 당하다.
		● 10월 평양에서 수양동우회(修養同友會)*에 입단하다(단우번호 1099).
		● 10월 28일 평양 백선행 기념관에서 김동원의 주례와 고당(古堂) 조만식(曺晩植)의 축사로 김명복(金明福: 1906~1943)**과 결혼하다.
1930년	22세	● 2월 5일 동아일보 평양지국 편집국 학예부로 발령받다.

- 12월 누이 오탐열의 남편인 매제 강기보(康基寶: 1905~1935)가 경기도 경찰부에 체포되다. 강기보는 제3차 고려공산청년회(高麗共產靑年會)의 평안남북도책(平安南北道責)으로 활동하였다.
- 장남 경석(庚錫) 태어나다.

| 1931년 | 23세 | • 3월 30일 강기보가 경성지방법원에서 징역 2년을 선고받다. |

- 3월 30일 강기보가 경성지방법원에서 징역 2년을 선고받다.
- 조선에 잠입하여 조선공산당 재건운동에 참여하고 있던 오기만과 조우(遭遇)하다. 오기만은 상해한인청년동맹(上海韓人靑年同盟) 집행위원장으로 활동하였다.

1932년 24세
- 4월 관서체육회(회장 조만식) 서무이사로 활동하다.
- 열네 살이 된 오기옥이 배천에서 평양으로 유학와서 광성고등보통학교(光成高等普通學校)에 입학하다. 이후 오기옥은 오기영 일가와 함께 살다.
- 장녀 경수(庚壽) 태어나다.

1933년 25세
- 2월 28일 서대문형무소에서 복역하고 있던 강기보가 만기출옥하다.
- 7월 국내에서 함께 활동 중이던 김형선(金炯善)의 검거로 신변의 위협을 느낀 오기만이 중국으로 탈출하다.
- 7월 상해로부터 검거 호송된 박헌영(朴憲永)이 김형선 등과 함께 조선공산당재건 혐의로 경성지방법원 검사국에 송치되다.
- 조그만 장사를 개업하다.

1934년 26세
- 1월 관서체육회 상무이사로 활동하다.
- 4월 23일 상해 프랑스 조계(租界)에서 오기만 검거되다.
- 5월 8일 차녀 경숙(庚淑) 태어나다. 같은 날 오기만은 상해에서 인천으로 호송되어 경기도 경찰부로 이첩되다. 오기영은 오기만의 국내 잠행을 방조한 혐의로 평양 경찰서에 체포되어 조사를 받다가 증거불충분으로 석방되다. 같은 날 조그만 장사를 폐업하다.
- 12월 10일 경성지방법원에서 오기만의 공판이 열리다. 박헌영, 김형선, 송봉기(宋奉起), 홍운표(洪云杓), 양하석(梁河錫), 한국형(韓國亨) 등 7명의 피고가 출정하였고, 이 중 박헌영은 제1차 공산당 사건 관계자로 분류되어서 분리심리를 받게 되었다.
- 12월 21일 김형선은 징역 8년, 오기만은 징역 5년을 언도받다.

---

* 수양동우회는 경성과 평양을 중심으로 샌프란시스코에 본부를 둔 흥사단의 국내 활동을 전개하다가 1929년 동우회(同友會)로 개칭되었다.
** 김명복: 1928년 서울대학교 치과대학 전신인 경성치과의학교 본과 졸업.

1935년	27세	• 5월 동아일보 서울 본사로 발령받다.
		• 5월 6일 11회 전조선축구대회 임원으로 활동하다.
		• 8월 21일 폐결핵을 앓던 강기보가 향년 31세로 사망하다.
		• 9월 14일 열일곱 살인 오기옥이 서울로 와서 양정고등보통학교(養正高等普通學校) 4학년으로 편입하다.
		• 10월 21일 부인 김명복이 서울 종로구 수송동에 '김명복 치과'를 개원하다.
1936년	28세	• 6월 11일 폐결핵으로 병감에 수용되어 있던 오기만이 형 집행정지를 받고 서대문 형무소에서 출옥하다. 자신의 집에서 치과의사인 부인의 도움으로 오기만을 간호하다. 이후 병세가 호전되자 오기만을 고향 배천으로 보내다.
1937년	29세	• 6월 11일 동우회 사건으로 검거되었다가 7월 10일 기소유예로 석방되다.
		• 8월 23일 병세가 악화된 오기만이 향년 33세로 사망하다.
		• 11월 수양동우회 사건의 여파로 10여 년 동안 재직하던 동아일보에서 강제 퇴사당하다.
		• 삼녀 경남(庚男) 태어나다.
1938년	30세	• 3월 10일 도산(島山) 안창호(安昌浩) 별세하다. 도산이 서대문 형무소에서 병보석으로 출소하여 5개월 뒤 경성제대 병원에서 임종할 때까지 곁에서 간호하였다. 조각가 이국전(李國銓)과 도산의 데드 마스크를 떴으나 일본 경찰에 발각되어 압수당하고 검사국의 취조를 받았다.
		• 4월 오기옥이 양정고등보통학교를 졸업하고 경성제국대학 예과(豫科) 문과 15회로 입학하다.
		• 5월 퇴직금 문제로 동아일보에 사회부 사원으로 재입사하였다가 다시 퇴사하다.
		• 8월 조선일보 사회부 기자로 일하다.
1940년	32세	• 차남 상언(常彦) 태어나다.
1942년	34세	• 12월 여섯째 아이를 임신 중인 부인이 임신중독증의 일종인 자간(子癎)으로 의전병원에서 수술을 받고 삼남을 조산하다.
1943년	35세	• 1월 삼남이 태어난 지 보름만에 죽다. 부인의 권유로 시신을 병원에 기증하다.
		• 2월 2일 부인 김명복이 병세가 악화되어 입원 42일 만에 38세로 사망하다.
		• 9월 오기옥이 경성제국대학 법문학부 법학과 16회로 졸업하다.
1944년	36세	• 화신상사(和信商事)에 근무하다.

- 오기옥이 결혼하고 일주일 후 종로 경찰서에 연행되다. 비슷한 시기 사회주의 운동에 참여했던 누이 오탐열, 조카 오장석(吳章錫: 1922~?)도 수감되다.

| 1945년 | 37세 | • 8월 15일 해방과 함께 치안유지법 위반으로 검거되어 복역 중이던 아우 오기옥이 8개월 만에 출옥하다. 조카 오장석도 출옥하다. |

- 10월 경성전기주식회사(京城電氣株式會社)에 입사하여 10월 1일부터 11월 1일까지 초대 인사과장으로 근무하다.
- 11월 3일 용산공작소 이사에 취임하다.
- 12월 28일부터 이듬해 7월 12일까지 경전(京電) 초대 총무부장으로 근무하다.

| 1946년 | 38세 | • 『신천지(新天地)』 창간호(1월 15일 창간)부터 4회에 걸쳐 가족 수기 「사슬이 풀린 뒤」를 연재하다. 같은 잡지 7월호부터 「삼면불」을 연재하다. |

- 3월 11일 전조선문필가협회 추천회원이 되다.
- 3월 15일부터 이듬해 7월 12일까지 경전 2대 감리과장으로 근무하다.
- 11월 6일 춘추구락부 부원이 되다.

| 1947년 | 39세 | • 3월 10일 서울 YMCA 회관에서 김윤경(金允經)*의 생질녀(甥姪女)인 김정순(金貞順: 1920~2010)**과 재혼하다. |

- 7월 12일부터 이듬해 6월 30일까지 경전 초대 업무부장으로 근무하다.
- 12월 『민족의 비원(悲願)』(서울신문사)을 발간하다.

| 1948년 | 40세 | • 3월 13일 대한노총(大韓勞總) 산하 경전노조가 '악질간부 오기영·최선익(崔善益)·정태하(鄭泰河) 일파(一派)'의 파면과 잔무수당 지급을 요구하며 파업에 들어가다. |

- 4월 14일 남북정치협상(南北政治協商)을 성원하는 '문화인(文化人) 108인 성명'에 서명하다.
- 6월 24일 조선언론협회 발기인이자 이사가 되다.
- 6월 30일 경전 파업의 책임을 지고 33개월간 근무하던 경전에서 사직하다.
- 7월 14일 사녀 경애(庚愛) 태어나다.***
- 7월 25일 조선언론협회 상임이사회 위원이 되다.
- 9월 15일 『자유조국을 위하여』[성각사(醒覺社), 이하 모두 같은 출판사에서 출간], 30일 『사슬이 풀린 뒤』를 발간하다.
- 10월 9일 흥사단 제3차 국내대회에서 「동포에게 호소함」 동의안(動議案)을 발표하다.

- 10월 15일 『삼면불(三面佛)』을 발간하다.
- 11월 3일 국학대학 학생회가 개최하는 광주학생운동 기념강연회에서 연설하다.

1949년	41세	• 4월 2일 여성문화연구소가 개최하는 현대여성강좌에 강사로 참여하다.
		• 6월경 당시 정치상황 때문에 고향인 북으로 가다.
		• 6월 25일부터 같은 달 28일까지 평양 모란봉(牡丹峰) 극장 회의실에서 열린 〈조국통일민주주의전선〉 결성대회에 참가하다. 남조선 언론협회 대표 자격으로 토론하였고 대회 마지막날인 28일 총 99명의 중앙위원 중 한 사람으로 선출되다.
1950년	42세	• 5월 5일 「우리는 평화를 사랑한다」 평화옹호 호소문에 서명하다.
		• 6월 29일 문화공작대 일원으로 서울에 입성하여 인민보 혹은 해방일보에서 활동하다.
1952년	44세	• 6월 18일 구국투쟁동맹 서울특별시지회에서 활동하다.
1955년	47세	• 인민경제대학에 재학하다.
1956년	48세	• 5월 27일 조국전선중앙위원회 확대회의에 참석하다.
		• 조국통일민주주의전선 중앙위원으로 선출되다.
1957년	49세	• 6월 28일 《평양신문》에 〈아이젠하워 씨에게〉를 기고하다.
		• 12월 20일 조국통일민주주의전선 중앙위원으로 재선되다.
1958년	50세	• 1월 공화국 언론인 대회에 참석하다.
		• 3월 『조국전선』 주필로 활동하다.
1962년	54세	• 10월 과학원(科學院) 연구사(研究士)로 활동하다.

이후 계속 추적 중입니다

---

* 김윤경: 국어학자, 조선어학회 창립회원, 연희대학교수, 수양동우회에서 활동.

** 김정순: 평양연합병원 간호학교 졸업, 서울대학교 간호대학 전신인 서울의대부속 간호고등기술학교 근무.

*** 호적에는 2월 25일로 되어 있다.

오기영 전집 편찬 기본 방침

- 본 전집은 1948년 성각사(醒覺社)에서 발간한 오기영의 저작물 『사슬이 풀린 뒤』, 『자유조국을 위하여』, 『삼면불(三面佛)』과 1947년 서울신문사에서 발간한 『민족의 비원』을 복간하는 것이며, 그 외 오기영이 생전에 작성했던 각종 신문과 잡지 기사를 발굴하여 엮은 것입니다.

○ 식민지기 동아일보, 조선일보, 중외일보 등의 신문과 동광, 별건곤, 신동아, 철필 등 잡지 기사 중 '오기영, 동전, 동전생, 무호정인, 오생(吳生)' 등 오기영의 본명과 호, 또는 필명으로 작성된 기사는 모두 실었습니다. 오기영이 평양과 신의주에서 근무하던 기간 중에 '평양 일기자', '평양 특파원', '신의주 일기자' 명의의 송고나 전보, 전화 통화 기사 역시 모두 수록했습니다. 신의주는 모르겠으나 평양에는 오기영 외에 지국장과 기자 한 명이 더 근무했기 때문에 '평양 일기자' 명의의 기사 가운데에는 오기영이 작성하지 않은 기사도 포함되었을 가능성이 없지 않으나, 수록된 기사는 대부분의 경우 앞뒤에 작성된 다른 기사 또는 오기영이 잡지에 게재했던 글들을 통해서 필자가 오기영임을 고증할 수 있었습니다.

○ 5, 6권의 목차와 본문 내 제목은 '기사 제목, (필명으로 표기된 경우) 필명, 신문·잡지 명, 날짜' 순으로 표기하였고, 원고 게재 순서는 날짜순으로 하는 것을 원칙으로 했으나 동일 주제가 신문과 잡지에 반복될 때는 예외적으로 이어서 편집했습니다.

  — 5, 6권 제호는 전집 편찬위원회에서 결정했습니다.

  — 5, 6권 본문에 나오는 일부 기사 내용 중 □□□□ 표시가 있는 경우 식민지 시기의 검열로 원문 확인이 불가능한 사항이어서 그대로 나타냈습니다.

○ 4권 『삼면불』 본문 뒷 부분에는 오기영이 해방 후에 작성한 기사를 추가하였습니다.

○ 세로쓰기를 가로쓰기로 바꾸었고, 당시의 주요 어법과 단어는 그대로 살리는 것을 원칙으로 하면서, 현대식 화법(주로 띄어쓰기 및 맞춤법)에 부분 편집하였습니다.

  — 한자로 표기되어 있는 단어는 전면적으로 한글로 바꾸되, 뜻이 전달되기 어려운 경우에는 괄호 속에 한자를 병기하였습니다.

  — 명백한 오자와 탈자, 문맥상의 오류는 부분적으로 손질하였습니다.

○ 당시에 쓰이던 인명과 지명, 나라 이름은 해방후 저작인 1~4권은 현대어 표기로, 식민지 시기인 5~6권은 원문 그대로 살리면서 나라 이름과 지명의 경우 한자식 표기 뒤의 ( )안에 현대 표기 나라이름이나 지명을 실었고, 외래어 일부는 현대 표기법으로 맞춤법을 변경했습니다.

  예시: 분란(芬蘭: 핀란드), 화성돈(華盛頓: 워싱턴), 상항 ⇒ 샌프란시스코, 룻소 ⇒ 루소, 부르죠아 ⇒ 부르주아, 테로 ⇒ 테러 등

  ○ 당시 발간 도서에서 명백한 오자로 여겨지는 것과 현대 어법에 적절하지 않은 것은 수정했고 변경한 것 등은 아래와 같습니다.

  예시: ~에 향하여⇒~을 향하여, 이러하거던 ⇒ 이러하거늘; 있으려든 ⇒ 있거니와; 하그

리 ⇒ 깡그리; 하염즉한 ⇒ 했음직한; 허거늘 ⇒ 그러하거늘 등

○ 중요한 사건과 인명 등에 간략한 주석을 달았습니다.

― 주석의 출처는 한국민족문화대백과사전, 두산백과, 한국근현대사사전, 한국민속문학사전, 브리태니커 백과사전, 위키피디아, 바이블 키워드, 표준국어대사전, Basic 고교생을 위한 세계사 용어 사전, 종교학대사전, 라이프성경사전, 한국향토문화전자대전, 조선향토대백과 등입니다.

○ 부록으로 오기영 연보, 기고문 총목차, 1934년 오기만 조서 번역문, 오기옥 관련 자료 등을 실었습니다.

동전 오기영 전집 1권

사슬이 풀린 뒤

등록 1994.7.1 제1-1071
1쇄 발행 2019년 5월 18일
2쇄 발행 2019년 6월 15일

지은이 오기영
펴낸이 박길수
편집장 소경희
편 집 조영준
관 리 위현정
디자인 이주향
펴낸곳 도서출판 모시는사람들
        03147 서울시 종로구 삼일대로 457(경운동 수운회관) 1207호
전 화 02-735-7173, 02-737-7173 / 팩스 02-730-7173
홈페이지 http://www.mosinsaram.com/
ⓒ오경애, 2019

인 쇄 천일문화사(031-955-8100)
배 본 문화유통북스(031-937-6100)

값은 뒤표지에 있습니다.
ISBN 979-11-88765-42-3 04080
세트 979-11-88765-40-9 04080

* 잘못된 책은 바꿔 드립니다.
* 이 책의 전부 또는 일부 내용을 재사용하려면 사전에 저작권자와 도서출판
모시는사람들의 동의를 받아야 합니다.

이 도서의 국립중앙도서관 출판예정도서목록(CIP)은 서지정보유통지원시스
템 홈페이지(http://seoji.nl.go.kr)와 국가자료공동목록시스템(http://www.
nl.go.kr/kolisnet)에서 이용하실 수 있습니다. (CIP제어번호: CIP2019015473)